101 preguntas
sobre el cuidado de tu bebé

Alina Amozurrutia. Filósofa y maestra de música para niños y para mamás con bebés. Es autora de capítulos de libros y artículos sobre ética, estética y bioética en publicaciones académicas. Redactora, correctora y editora de textos, también ha colaborado en revistas sobre mujeres y maternidad y escribió, para esta misma colección, *101 mujeres en la historia de México*. Su interés principal se encuentra en la comprensión del sentido ético y estético de los niños.

101 preguntas
sobre el cuidado de tu bebé

ALINA AMOZURRUTIA

Grijalbo

101 preguntas sobre el cuidado de tu bebé

Primera edición para Estados Unidos: enero, 2010

D. R. © 2008, Alina Amozorrutia

D. R. © 2008, derechos de edición mundiales en lengua castellana:
    Random House Mondadori, S. A. de C. V.
    Av. Homero núm. 544, col. Chapultepec Morales,
    Delegación Miguel Hidalgo, 11570, México, D. F.

www.rhmx.com.mx

Comentarios sobre la edición y el contenido de este libro a:
literaria@rhmx.com.mx

ISBN 978-030-739-316-6

Impreso en México / *Printed in Mexico*

Distributed by Random House Inc.

Índice

Prólogo

Cuando tenemos un bebé, nuestra vida cotidiana se llena de nuevas preguntas. Cada familia y cada situación hacen surgir preguntas distintas pero, de una u otra forma, todos nos enfrentamos a un caudal de dudas que nos asaltan día con día; por ejemplo: si nuestro bebé se está desarrollando adecuadamente, si estamos respondiendo bien a sus necesidades, o a las nuestras, cuáles serán las implicaciones de nuestras decisiones de todos los días y un largo etcétera. Este libro plantea una serie de interrogantes de este tipo, preguntas comunes, muchas veces aparentemente triviales, pero fundamentales en esta etapa tan decisiva y de tanta vulnerabilidad en la vida de un bebé, de una mamá y de una pareja.

Las preguntas se agruparon en torno a diversos temas, empezando por todo aquello que vemos transformarse en nuestra vida al tener un bebé. Después vienen algunos aspectos prácticos a considerar para el momento de recibirlo y de esas primeras semanas de adaptarse a la nueva vida, y luego una serie de interrogantes sobre la lactancia y la alimentación, la salud, la higiene, la seguridad, el sueño y la vida cotidiana, así como sobre el desarrollo motriz, intelectual, emocional y social del bebé, todo enfocado a los primeros 12 meses de vida del mismo.

Las respuestas tienen una inclinación por la corriente de pensamiento de la crianza natural o *attachment parenting* del doctor William Sears, así como por los hallazgos e ideas de las mujeres de la Liga Internacional de la Leche quienes, junto con otros especialistas en el tema, sostienen el gran valor del vínculo amoroso del bebé con sus padres durante los primeros días, meses y años de vida.

Por otra parte, el libro fue elaborado bajo la asesoría y con la aprobación de la doctora Ángeles Guerreo Meneses, médico ginecoobstetra con más de 30 años de experiencia en partos y con madres lactantes; Patricia Estrada, psicoterapeuta corporal con especialidad en psicología perinatal y asesora de estimulación temprana, además del doctor Héctor Vera, pediatra neonatólogo, actual subdirector médico del Hospital Médica Sur Lomas Santa Teresa, así como vicepresidente de la Asociación Mexicana de Pediatría. Ellos colaboraron en las partes relacionadas con posparto y lactancia, desarrollo del bebé y cuestiones de salud, respectivamente. A los tres les extiendo mi más profundo agradecimiento.

Es importante resaltar que las preguntas están planteadas desde la perspectiva de las mamás porque el libro parte de mi experiencia personal y de muchas de las dudas que viví en esta etapa cuando tuve a mis hijos y que con el tiempo he podido compartir con muchas otras madres. Es un hecho que de cara a la maternidad las mujeres nos encontramos frente a preguntas y situaciones que nos atañen más directamente a nosotras, tanto por cuestiones físicas, relacionadas con el proceso de dar a luz y amamantar, como por razones de función —en nuestra sociedad, la mayoría de nosotras seguimos siendo quienes más tiempo destinamos al cuidado de los bebés—. Así, es una relación de mamá a mamá la que prevalece en el libro. Este sesgo no pretende excluir ni minimizar el gran valor de la paternidad; al contrario, reconozco y agradezco en primer lugar el papel de mi propia pareja en todo este proceso, y considero una premisa que mientras más se involucren los padres en la crianza de los hijos, más equilibrio habrá en las relaciones, en la familia y en la sociedad. Así pues, invito a leer este libro tanto a quien necesite respuestas para preguntas muy concretas y específicas sobre algún tema, como a quien quiera entender un poco más el proceso que se vive al tener una vida nueva en las manos.

ALINA AMOZURRUTIA,
febrero-marzo de 2009.

1

¿CÓMO PUEDO PREPARARME PARA SER MAMÁ?

Sin duda, nunca estaremos lo suficientemente preparadas para ser mamás. La tarea, hay que asumirlo desde el principio, es monumental, pero igual de hermosa; un desafío que extiende ante nuestros ojos y manos el milagro de la vida con todos sus enigmas, sorpresas, maravillas e incertidumbres. El número de dudas que van a surgir en el camino será interminable y las respuestas muy pocas veces serán precisas. Por eso se dice que para criar a los hijos no hay recetas, porque es un arte prudencial, de decidir en cada momento qué hacer y cómo hacerlo, de acuerdo con las circunstancias y con visión del futuro.

Pero el hecho de que no haya recetas para afrontar el nuevo reto no significa que no haya forma de prepararse; al contrario, justo porque en esta misión entran en juego cosas tan importantes como el futuro de tu hijo y el de tu relación con él, además de una transformación mayor o menor de tu identidad o de tu relación de pareja, prepararse tiene mucho sentido. Es cierto que en épocas pasadas fueron suficientes la propia intuición, el sentido común y los consejos de la familia, pero hoy es diferente. En la actualidad todo eso sigue siendo importante, pero existe mayor conciencia sobre la importancia y la vulnerabilidad de esta etapa en el desarrollo de una persona y de una familia, además de que las necesidades y las formas de responder a ellas se transforman a una gran velocidad, por lo que es preciso mantenerse informado y echar mano de los conocimientos y avances a nuestro alcance.

Así pues, para obtener lo mejor de esta etapa tendrás que prepararte en varios niveles. Por un lado, te ayudará mucho informarte sobre toda una serie de interrogantes prácticas sobre el cuidado del bebé en relación con su salud, alimentación, higiene, seguridad, etcétera, así como sobre su desarrollo durante los primeros meses y años de crecimiento, tanto en cuestiones motrices como intelectuales, emocionales y sociales, para saber cómo estimularlo adecuadamente y cómo detectar anormalidades.

Por otro lado, es muy importante que te prepares a nivel personal para el gran cambio que tienes enfrente, y por ahí vamos a empezar. Un hijo es un parteaguas en la vida, probablemente el más radical, y exigirá de ti un gran esfuerzo físico, mental y emocional. Por ello, necesitarás sentirte muy fuerte: alimentarte bien, cuidar tu salud, no forzarte y descansar lo más que puedas. También tendrás que visualizar o anticipar de algún modo las dificultades a las que vas a enfrentarte —al menos aquellas que sea posible prever—, para que no te tomen por sorpresa. Y además tendrás que hacer acopio de mucha fortaleza, templanza y serenidad, porque el largo proceso de criar un hijo implicará toparte con muchas situaciones nuevas, a veces complicadas o tensas, que podrán originarte confusión o frustración, pero también la posibilidad de vivir en una permanente autotransformación de la que podrás salir más completa y fuerte que antes.

Por último, cabe recordar que en todo lo que hagas para prepararte contarás con un gran aliado: tu propio instinto. A partir de ahora, éste cobrará una fuerza inesperada en ti y se hará manifiesto en muchas de tus reacciones y comportamientos. Verás que es como si de pronto te pusieran una antena nueva en recepción continua e incesante de señales, que te acompañará en todo momento. Este instinto te vinculará fuertemente con otras mamás (empezando por la tuya, si está cerca de ti) y constituirá, sin lugar a dudas, la fuente más profunda de la que abrevarás para enfrentar los retos que tu maternidad te irá presentando.

2

¿QUÉ RETOS VOY A ENFRENTAR EN EL CAMINO?

La plenitud que suele hacernos sentir un bebé es tan grande, que a veces no somos capaces de reconocer la cantidad de complicaciones a las que nos somete. De hecho, si alguien nos hablara de ellas antes de tenerlo y no pudiéramos saber lo gratificante que es, lo más seguro es que preferiríamos quedarnos como estábamos. Pero ya en esto, la solución no es cerrar los ojos a las dificultades sino tomar conciencia de ellas.

Una de las primeras situaciones que nos sorprenden cuando acabamos de tener un hijo, es justo el darnos cuenta del tamaño de la responsabilidad que implica tener a un bebé indefenso y lleno de misterios bajo nuestro cuidado. Seguramente ya habías previsto que ahora tendrías que dedicar todo tu tiempo a esta labor, pero la total dependencia y demanda del bebé en la vida real, las 24 horas del día, todos los días, resulta siempre más abrumadora de lo que cualquiera puede imaginar. Así, la primera consecuencia de la maternidad intensiva son la fatiga y el cansancio acumulado, lo que, aunado al reajuste hormonal por el que estarás pasando, puede derivar en que estés más sensible, más irritable y más desconcentrada. Como dice Katharine Ellison, reportera estadounidense que ha realizado estudios sobre cómo la maternidad desarrolla la inteligencia: si al caos físico del embarazo y el parto le sumamos la falta de sueño y la frenética tarea de aprender un nuevo oficio de forma acelerada —con el agravante de que bajar la guardia un segundo puede tener terribles consecuencias—, podemos entender por qué la mayoría de las mujeres tenemos la sensación de entrar en el club de la maternidad sintiendo, por un lado, que explotamos y, por otro, que perdemos el control.

Junto con la maternidad vienen varias tareas correlacionadas que muchas mujeres de hoy no consideramos al sentir el impulso de ser mamás. Además de todo lo que tiene que ver directamente con el cuidado del bebé, de pronto se vuelve imperioso estar al pendiente de tu hogar: de los espacios y materiales que ocuparás, del día a día de la alimentación, que no falte nada, la ropa, la limpieza, etcétera. Y seguro llegarás a preguntarte cómo es que sin salir de tu casa, dedicada sólo a tu bebé, no te queda tiempo para resolver todo lo que se va ofreciendo, y a veces ni siquiera para bañarte. Al principio lo mejor será que delegues o dejes de lado lo menos urgente, pero con el tiempo será cada vez más importante darle a tu casa el orden dentro del cual quieres educar a tus hijos. De manera que, aunque en el mejor de los casos contarás con ayuda, siempre tendrás que estar al pendiente de que todo se haga de la manera en que tú quieras. Y esto, que realmente requiere mucho talento y organización, puede ser especialmente problemático si estabas acostumbrada a una vida poco casera, y más si no haces equipo con tu pareja o con alguien más.

Así pues, el cambio de prioridades será inminente. Por más que te prepares durante el embarazo, con el nacimiento del bebé tu vida pasará por una verdadera revolución porque ahora todo girará en torno a él: sus necesidades de sueño, alimentación, higiene, salud, seguridad, educación y un largo etcétera. De repente, tu vida entera estará totalmente transformada en función de tu hijo y lo demás (la pareja, la casa, el trabajo, familia y amigos, tus propios intereses) tarde o temprano empezará a reclamar su lugar. Pero no te agobies, asúmelo: por un tiempo así debe ser. Lo prioritario en este momento será que le des a tu bebé todo lo que necesita, y mientras puedas hacerlo, permite que lo demás espere. Poco a poco aprenderás a sobrellevar lo que es importante para ti; la clave estará en no perder de vista tus prioridades, sopesarlas continuamente y ser consecuente con ellas.

3

¿CÓMO SERÁ MI RECUPERACIÓN
DEL PARTO O CESÁREA?

La recuperación es otra de esas cosas en las que una no piensa cuando siente el impulso de tener un bebé. Te imaginas el embarazo, el nacimiento y el gran momento de recibirlo, pero es difícil contemplar de antemano hasta qué punto esto implica un trabajo enorme para tu cuerpo y una recuperación no siempre fácil.

En principio, y tanto si tuviste parto como cesárea, se considera que tu organismo tardará entre ocho y 10 semanas en restablecer su equilibrio. Es la famosa cuarentena, o puerperio. En este tiempo tus órganos reencontrarán su lugar y tu útero emprenderá su camino de retorno a su volumen normal ("involucionará"). Los primeros días, las contracciones en este proceso involutivo del útero, llamadas *entuertos,* serán dolorosas, especialmente si ya habías dado a luz con anterioridad, pues lo que duele son justamente las cicatrices en el útero por los desprendimientos de la placenta tras cada embarazo. Estos dolores también se intensifican al amamantar, porque la lactancia estimula este proceso.

Durante este tiempo tendrás pérdidas de sangre un tanto irregulares, llamadas *loquios,* que son mayores que una menstruación normal y que van cambiando su coloración hasta desparecer por completo, normalmente entre tres y seis semanas después del parto. Consulta con tu médico si tienes cualquier sangrado demasiado abundante o prolongado.

Los primeros días también orinarás y transpirarás mucho porque tu cuerpo estará eliminando una gran cantidad de líquidos que acumuló durante el embarazo.

Ahora bien, si tuviste parto, los primeros días estarás extenuada por el enorme esfuerzo que habrás hecho antes y durante el mismo. Sentirás como si hubieras corrido un maratón y estarás débil también por la pérdida de sangre; así que, aunque puedas incorporarte sola desde el primer día, lo mejor será que lo hagas con mucha cautela y sin forzarte. Si te hicieron episiotomía, habrá molestia en la zona de la sutura, sobre todo al sentarte —por cierto, la miel de abeja pasteurizada en tu toalla sanitaria acelera enormemente la cicatrización—. Algunos puntos de la sutura se reabsorberán solos pero otros, los que cierran la incisión, habrán de quitártelos unos seis días después del parto. Para hacerlo más llevadero, siéntate sobre cojines muy suaves (o un flotador, si fuera necesario), y considera que las molestias por la episiotomía suelen desaparecer entre la primera y la segunda semanas. Si persisten por más tiempo, consulta a tu médico.

Un parto puede tener otras secuelas. Los esfuerzos que se hacen al pujar a menudo producen hemorroides, que son molestas y dolorosas, por lo que necesitarás remedios locales (por ejemplo, hielo) o lo que diga tu médico. También podrías presentar problemas para vaciar o retener la orina, especialmente después de una epidural o de un parto largo. Esto será pasajero, pero puedes atenuarlo bastante con ejercicios especiales para el esfínter urinario, como los de Kegel. Consulta a tu médico. Además podrías llegar a estreñirte, lo que también sería conveniente tratar de inmediato para que no se prolongue esa situación.

Por otro lado, si tuviste una cesárea —y como sucede con cualquier intervención quirúrgica y tras haber sido anestesiada—, también te sentirás muy cansada y convendrá que retomes poco a poco tus movimientos para evitar complicaciones circulatorias. Si usaron anestesia local, como epidural, los efectos inmediatos serán menos desagradables que los de una general, pero de todas formas será molesto. Sin embargo, lo más desagradable de todo serán las costuras o grapas, especialmente si vas a amamantar y serás tan heroica como para prescindir de los analgésicos.

La verdad es que una cesárea parte tu estructura de una manera muy profunda y, aun con la mejor cirugía, durante los primeros días será muy doloroso toser, estornudar, sonarte, reír, levantarte, ir al baño, bañarte y hasta cargar a tu bebé. Pero las grapas se quitan entre el sexto y el décimo día después de la cirugía, y después de eso la libertad de movimiento aumentará. En caso de cesárea, el tránsito intestinal y urinario tardará más en volver a la normalidad que en un parto por vía natural pero, por lo demás, el cuerpo reaccionará de la misma forma que en un parto normal.

De manera paralela, tanto si tuviste parto como si tuviste cesárea, desde el momento en que salga tu placenta tu glándula hipofisaria segregará prolactina, la hormona que activa la producción de leche. Esto será precedido por el endurecimiento y la tumefacción de los pechos, y a veces estará acompañado por un aumento en tu temperatura corporal (si sube a más de 38°C deberás consultar a tu médico). Si optas por la lactancia, podrías pasar además por varios días o semanas con los pezones adoloridos, si no es que todo el pecho. Aunque no siempre es así —ya hablaremos de eso—. En este caso, la menstruación no volverá sino hasta que dejes de amamantar, o casi, porque la prolactina impide el trabajo normal de los ovarios (aunque no por ello deberás considerarlo un método anticonceptivo). Si no vas a amamantar, la primera regla aparecerá entre la séptima y la octava semanas después del parto.

Por el bien de tu espalda, perineo y abdomen, es importante que durante todo este tiempo y hasta que tu bebé tenga unos nueve meses, no cargues objetos pesados. Lo más pesado que podrás cargar es justamente a tu bebé —y verás que con eso tienes—. Podrás retomar la actividad física o deportiva cuando tu médico lo indique.

Así que ahí estarás, adolorida, con sangrados, entuertos, cicatrices, fiebres, dolor en los pechos, reacomodos hormonales tremendos, agotamiento, hecha una piltrafa, con toda tu sensibilidad a flor de piel y tu bebé en los brazos. En realidad, nada muy diferente de lo que todas las demás mamás pasan cuando tienen a sus hijos, sólo que esto no lo platicamos a los cuatro vientos. Y, sin embargo, sorprendentemente para ti, te verás hermosa. Tu cuerpo estará más vivo que nunca, activando todos los mecanismos para los cuales fue hecho y proyectarás mucha luz. Así que tómalo con aplomo y réstale valor a estos inconvenientes que pasarán pronto, porque lo maravilloso está en otra parte. Por lo demás, podrás considerar que tu cuerpo se ha restablecido completamente hasta nueve meses después de haber nacido tu bebé.

4

¿ES NORMAL QUE ME SIENTA CONFUNDIDA?

Durante las primeras semanas, o incluso meses, después de que nazca tu bebé, será normal que en ocasiones tengas cambios abruptos de ánimo, proclividad al llanto o que te sientas muy sensible, irritable o desanimada. Esto puede deberse a varias razones simultáneas, entre las que podrían encontrarse los cambios hormonales propios de haber dado a luz; el cansancio y la falta de sueño; el dolor o incomodidad por la recuperación del parto o la cesárea; dificultades con la lactancia; alguna complicación posparto; el extrañar tu panza y al bebé que antes era parte de ti; el encuentro con tu cuerpo actual, desembarazado; la frustración por no entender el llanto de tu bebé y no saber cómo calmarlo, por sentir que el día a día te sobrepasa o que eres un desastre; la culpa por no sentirte tan plena como piensas que deberías; cierta angustia por ver perdida tu independencia; tensiones con tu pareja o con algún pariente muy cercano; una saturación de visitas y consejos; preocupaciones económicas o cualquier otra situación complicada o de estrés a la que te estés enfrentando.

El que a veces te sientas así no es necesariamente una depresión posparto. Es, en principio, el resultado de estar viviendo un cambio de gran envergadura, el cual te ha afectado prácticamente desde que empezó tu embarazo y que desde entonces te ha mantenido en un suelo movedizo de grandes expectativas e incertidumbres, acentuado ahora con la presencia física del bebé y sus incesantes demandas.

¿Qué hacer cuando te sientas así? Es muy importante que te escuches a ti misma y trates de actuar en consecuencia. Detecta la fuente de tu malestar e intenta entenderla para que no te siga afectando. No te victimices ni seas demasiado exigente contigo misma; sé honesta y acepta o pide ayuda cuando la necesites. Más adelante en este libro se plantea la pregunta: "¿Qué puedo hacer para relajarme y disfrutar más esta etapa?" Ahí encontrarás algunos consejos prácticos para sentirte mejor.

Ahora bien, lo normal es que estos sentimientos de angustia sean ocasionales y transitorios, y que junto con ellos haya también mucha satisfacción y plenitud por tener a tu bebé. Si después de varias semanas sientes que esa ansiedad o esa tristeza profunda no sólo aparece frecuentemente, sino que se acentúa, es posible que tengas una depresión posparto y, como tal, lo mejor es buscar atención médica profesional para tratarla cuanto antes.

Además del estado de ánimo deprimido, ansioso o irritable, si tienes una depresión posparto podrás presentar los siguientes síntomas:

- Pérdida del apetito o aumento inexplicable de peso.
- Dificultad para conciliar el sueño o dormir más de lo usual.
- Menos energía y poca o ninguna motivación para hacer cosas.
- Dificultad para concentrarte o pensar.
- Sentirte sin valor alguno, sin esperanzas o culpable.
- Tener sentimientos negativos o falta de interés hacia tu bebé.
- Sentir que no vale la pena vivir.

La depresión posparto (Post-Natal Depression o PND, por sus siglas en inglés) es muy común. Se calcula que de 100 mujeres que dan a luz, entre 10 y 15 la padecen. Puede aparecer en cualquier momento durante los primeros seis meses después del nacimiento del bebé, y prolongarse durante varios meses más. Al igual que otros tipos de depresión, responde bien al tratamiento y la mayoría de las mujeres se recupera completamente. El tratamiento suele incluir asesoría psicológica (terapia hablada) y/o medicamentos, algunos de los cuales pueden administrarse en madres lactantes. Si te ves reflejada en los síntomas anteriores, reconócelo y pide ayuda de inmediato. No dejes que esto te afecte negativamente a ti, a tu bebé y a tu familia. Habla con tu doctor y encuentren la opción más adecuada para ti.

5

¿CÓMO PODRÉ RECUPERAR MI FIGURA?

Antes de pensar en volver a estar en forma, los primeros meses después de haber parido deberás concentrarte en comer bien, descansar tanto como puedas y optimizar tu energía para resolver el día a día de los cuidados de tu bebé y de tu nueva rutina, con todo lo que eso implica.

Cuando tu bebé cumpla un mes será un buen momento para empezar a hacer ejercicios posparto, principalmente para reeducar el perineo (los cimientos musculares de la pelvis) y ayudar a tu cuerpo a reacomodarse y tonificarse adecuadamente.

El peso que soportó tu perineo durante el embarazo, sumado al esfuerzo realizado durante el parto, pudo haber debilitado de manera considerable esos músculos, llegando a causarte incluso incontinencia urinaria. Aunque no te haya sucedido, pero especialmente si fue así, te hará mucho bien hacer ejercicios para contraer y tonificar la zona (los Kegels). A la larga, e independientemente de eso, estos ejercicios favorecerán también tu actividad sexual. En esas terapias te sugerirán otros ejercicios buenos para esta etapa y te alertarán, por ejemplo, sobre las abdominales, ya que si se hacen a destiempo o de modo inadecuado pueden ser contraproducentes.

Te servirá saber que, en esta etapa, las hormonas que durante el embarazo provocaron diversas pigmentaciones en tu piel dejarán de funcionar y poco a poco recobrarás tu tonalidad normal, particularmente en la cara, la línea del abdomen y las areolas. De igual forma, los cambios hormonales que habían estado inhibiendo la caída normal de tu cabello dejarán de hacerlo y notarás que se te empezará a caer mucho (ni más ni menos, todo el que se acumuló durante esos meses). No te preocupes: es normal. Quizá sea un buen momento para cambiar de *look*.

En cuanto a la recuperación de la línea, considera que si durante nueve meses tu cuerpo estuvo aumentando de tamaño, será razonable pensar en un plazo similar para que recobre su peso original, sobre todo si subiste más de la cuenta. Normalmente, en el parto se pierden unos seis kilos; de vuelta a casa se bajan dos o tres más, por la pérdida de líquidos y el regreso del útero a su tamaño normal; y, por lo general, la lactancia también suele favorecer la disminución de grasa corporal. Sin embargo, muchas veces aún siguen sobrando unos kilitos.

Piensa bien las cosas y asesórate lo suficiente antes de

planear una dieta para bajar de peso en esta etapa. Sobre todo si estás amamantando será importante apegarte a la dieta recomendada de lactancia (de la que hablaremos más adelante) y poner atención en no saltarte comidas, en tomarte el tiempo necesario para comer bien, evitar las tentaciones y prevenir una anemia, común en muchas mujeres después del parto, pues sólo agravaría tu cansancio.

A fin de cuentas, la verdad es que muy probablemente tu cuerpo no volverá a ser el mismo porque muchos de los músculos que le daban firmeza (por ejemplo, al vientre o a los senos), o la piel misma, se habrán distendido por el aumento de peso en el embarazo. Pero si te empeñas en ello, tarde o temprano podrás volver a tu peso de antes y podrás estar delgada, flexible, con un buen tono muscular y fuerte. Cabe mencionar que hay mujeres a quienes, por su naturaleza, el embarazo y la maternidad les dejan una figura más atractiva que antes; otras, sin recuperar del todo la línea, adquieren una presencia más agradable porque la maternidad les ha dado más seguridad y plenitud. En cualquier caso, recuerda que será sobre todo tu actitud, tu estilo de vida, una dieta sana y una buena actividad física elegida de acuerdo con tus características, lo que te hará sentirte y verte bien. Hay quien también considera cirugías o productos para recuperar o mejorar su figura.

6

¿QUÉ VA A PASAR CON MI TRABAJO?

Uno de los retos más grandes que surgen cuando nos convertimos en mamás, es el de combinar la maternidad con la vida laboral. Si cuentas con un respaldo económico cómodo o tu actividad laboral no interfiere de manera significativa con tu maternidad y puedes dedicarte a tu bebé sin preocupaciones financieras el tiempo que tú quieras, considérate muy afortunada, concéntrate en disfrutar a tu hijo y ofrécele todo lo mejor que esté en tus manos. Poco a poco llegará el momento de ir soltándolo y de que retomes o encuentres otras prioridades en tu vida.

Lo más común hoy en día, sin embargo, son las madres para quienes tarde o temprano la necesidad de trabajar se vuelve un verdadero conflicto, ya sea por la urgencia de salir a buscar el sustento (o un complemento para el mismo), o bien por la convicción de no querer descuidar o abandonar la propia trayectoria profesional, o por ambas.

Se trata, para decirlo con todas sus letras, de un problema social antiguo en el que todavía no se han librado todas las batallas. Como herederas del feminismo, muchas de nosotras crecimos con la aspiración de alcanzar una vida laboral o profesional exitosa, y con la creencia de que dedicarnos exclusivamente al hogar no nos daría una realización completa como personas —acaso bajo la sombra de todas esas madres, abuelas o bisabuelas que padecieron algún grado de sometimiento de parte de sus hombres por la dependencia económica, e incluso por la falta de un espacio propio para desarrollarse más allá de la familia y la casa—. Pero como dice K. Ellison, la misma retórica que en los años sesenta dio a las mujeres el coraje para hacerse sitio en un mercado de trabajo poco dispuesto a acogerlas, se encargó de alimentar el prejuicio de que la maternidad afecta la capacidad mental. Recordemos a Simone de Beauvoir y a Betty Friedan, según las cuales la maternidad arruina la vida de la mujer y contribuye a su opresión.

Así, como señala Ángeles Guerrero, en un extremo está la visión tradicional de la maternidad, que ve en ella la realización plena y total de la mujer, dispuesta a ceder su propio desarrollo fuera del hogar en aras de la vida familiar; y, en el otro, una visión masculinizada en la que la mujer productiva retrasa la maternidad al máximo de la edad fértil, la sacrifica en gran medida o bien la anula por completo, en pos de la superación intelectual y la conquista de un estatus de trabajo. Al parecer, nuestra lucha como mamás de hoy es encontrar el equilibrio entre ambos extremos.

Ahora bien, cuando optamos por un hijo, efectivamente vemos afectada nuestra trayectoria profesional, pero no porque la maternidad reduzca nuestras capacidades mentales o nos haga menos competentes, sino porque realmente exige de nosotras mucho más de lo que hubiéramos esperado, particularmente en términos de tiempo y energía, además de que generalmente los contratos laborales suelen ser poco accesibles en este sentido —la ley que dice que bastan 40 días después del parto para atender a un recién nacido, es ridícula—. Sin embargo, en la mayoría de los casos la maternidad también nos realiza y nos da más plenitud de la que imaginábamos; entonces revaloramos a las madres y las abuelas y de pronto somos nosotras mismas quienes ya no tenemos tantas ganas de ir a trabajar. De manera que encontrar la fórmula personal para equilibrar ambas necesidades, sin sentirnos angustiadas, frustradas o culpables hacia uno u otro lado, es un verdadero logro (más adelante verás otras preguntas relacionadas con este tema).

A fin de cuentas, cada una encontrará esa fórmula, la que mejor le permita resolver sus propias necesidades, y lo importante es no olvidar que bien vale la pena sacrificar un tiempo de bonanza y desarrollo en esas esferas que nos importan y que cruzan las fronteras de nuestro hogar, por el bien de ese pequeño gran tesoro que llegó a nuestras vidas. Después habrá oportunidad de retomar otros caminos.

Cabe resaltar algo más. Seguramente tu capacidad adquisitiva, si tenías alguna, se verá mermada en este proceso, y todo cuanto habías conseguido hasta ahora en este terreno, entrará casi invariablemente en crisis. Es difícil, pero como las prioridades cambian, te adaptarás. Piensa que en el mejor de los casos temporalmente así debe ser, pues especialmente durante el primer año de tu bebé lo más deseable es que te dediques a él el mayor tiempo posible, y si puedes hacer equipo con tu pareja o con alguien más para lograrlo, será lo mejor, y será también un privilegio. En este sentido, deberás estar alerta a los juegos de poder en que puede caer tu relación debido a la dependencia económica —relativa o total— que asumirás al quedarte en casa o al cambiar tu estatus laboral, así como al hecho de que tu realización, independientemente de los hijos (llámese trabajo, carrera profesional o *hobbies,* inclusive), no puede seguir el mismo ritmo que si no hubieras tenido un bebé. No olvides que aunque nadie te pague o te premie por ser mamá, es un trabajo de mucha dignidad, enormemente valioso y formativo, que además cubre una de las necesidades más prioritarias de tu familia.

7

¿QUÉ VA A PASAR CON MI RELACIÓN DE PAREJA?

Cuando decidimos tener un hijo, no sólo estamos respondiendo a un impulso personal muy poderoso, sino que también estamos sellando el vínculo con nuestra pareja a un nivel mucho más profundo que antes, abriéndole la puerta a uno de los proyectos más grandes —si no es que el más grande— que se pueden tener con alguien más. De ahora en adelante la relación entre ustedes se volverá más compleja, porque de por medio estará esa tercera persona (al menos), con todas sus necesidades y su enorme voluntad de vida imponiéndose constantemente. Como en todo lo demás, cada pareja es única y diferente, pero a grandes rasgos y de modo muy general se puede hablar de los retos más comunes que se enfrentan con la llegada de un bebé.

Dejar de ser dos y convertirse en tres repercute inevitablemente en la estabilidad de cualquier pareja, incluso cuando ésta tiene varios años formada. Y lo mismo sucede con cada nuevo hijo que llega. La presencia de un bebé, con sus incesantes demandas, rompe con todas las rutinas, las fórmulas y los sobrentendidos. Nuestra prioridad como mujeres se vuelve cuidarlos y guiarlos en su proceso de crecimiento, y los papás generalmente asumen en primer lugar la misión de asegurar el ingreso económico para la familia. Esta división de funciones —por lo demás, tan antigua como la especie humana— se matiza de diferente forma en cada pareja, pero tiende a polarizarse casi de forma inevitable en la medida en que el bebé nos necesita primordialmente a nosotras y la capacidad adquisitiva de los papás se vuelve fundamental (aunque ahora cada vez hay más excepciones). Sobre todo con el primer hijo, entender y asumir los nuevos roles no es nada fácil, en principio porque para cada uno implicará una gran carga de trabajo y responsabilidad, pero además porque los coloca a ambos en dos trincheras diferentes, cuando antes esa diferencia no existía en la relación.

De manera paralela, empezarán a cobrar una nueva relevancia las fricciones habituales de la pareja, debidas a la forma de ser y a la distinta educación e historia personal de cada uno, pues éstas se acentuarán a la hora de enfrentar las innumerables situaciones límite que se viven día a día con un bebé. Ambos empezarán a visualizar el futuro y se cuestionarán muchas cosas que antes no habían pensado. De algún modo, con hijos de por medio ya no se toleran igual ciertas cosas y esto también suele provocar tensiones.

Así, cada uno se sentirá tan abrumado entendiendo las diferencias, asimilando la nueva función e intentando dar lo mejor a su manera, quizás en un estira y afloja de confrontaciones y defensas, que muchas veces terminarán agotados y tratando de sobrevivir como individuos. Ser padres les parecerá a veces muy difícil de lograr porque, además, el tiempo de estar juntos y solos se habrá reducido enormemente. Se extrañarán mucho.

Sin duda, todo esto tiene repercusiones en la sexualidad. Al principio, y en primer término, por tu recuperación tras el alumbramiento; después, porque tu atención estará dirigida a comprender y cuidar al bebé; entonces, por la falta de tiempo y el cansancio; poco a poco también por las pequeñas o grandes tensiones de la nueva cotidianidad y, además, porque la relación con tu cuerpo habrá cambiado (tanto tu propia percepción del mismo como la de tu pareja), sea por la lactancia, porque sobre todo al principio la prolactina —la hormona de la leche— inhibe la libido, por cualquier complicación física que tengas, o por no sentirte del todo cómoda con tu nueva complexión. Así pues, por cualquiera de esas razones la sexualidad suele verse disminuida y a cada pareja le toma distinto tiempo retomarla y reinventarla.

Esta disminución de la sexualidad, hasta cierto punto normal y muy comprensible, puede volverse uno de los puntos más delicados en los conflictos de pareja en esta etapa, especialmente para los hombres, porque además de que en ellos el deseo sexual no disminuye, muchas veces lo viven como parte de un desplazamiento que va más allá. En efecto, tu vínculo con el bebé será tan fuerte que él podrá llegar a sentirse desconcertado más de una vez. Y mientras, tú tal vez estarás esperando que él se involucre más, práctica o emocionalmente, lo que para él no necesariamente significará lo mismo que para ti o implicará otros ritmos. Como sea, lo cierto es que se necesitarán más que nunca y en la medida en que logren compenetrarse uno con otro, en el aquí y el ahora, todo encontrará más fácil su lugar.

Finalmente, para algunas parejas la situación termina volviéndose inmanejable y es mejor la separación; para otras, es sólo una etapa de altibajos o una crisis transitoria, un periodo de reajuste para salir del cual serán fundamentales la comunicación, la honestidad, la atención en las necesidades del otro, la colaboración, la aceptación de las diferencias y la cercanía en todos los niveles.

8

¿CUÁNDO PODRÉ RETOMAR
MI ACTIVIDAD SEXUAL?

Retomar la sexualidad después de haber tenido un hijo no es cualquier cosa. En principio, puedes hacerlo tan pronto como sientas el deseo. Físicamente estarás lista unas dos o tres semanas después de haber parido, cuando la parte más pesada de tu recuperación haya pasado, pues aunque todavía habrá molestias, si tu pareja y tú están en sintonía, se puede encontrar la forma sin problema.

El asunto es que son tantos los elementos nuevos que empiezan a entrar en juego en tu cuerpo, tus emociones y tu relación de pareja durante esta etapa, que el deseo sexual se altera. Hagamos una radiografía.

En relación con tu cuerpo y tu recuperación, hay que enfatizar que por un tiempo no sólo estarás cansada y adolorida del pubis, el vientre y/o los senos, sino que además, por situaciones hormonales, tu vagina presentará una sequedad transitoria (que puede resolverse con lubricación) y cierto dolor al volver a ser penetrada. Además, si vas a amamantar la prolactina bajará tu nivel de estrógenos, lo que entre otras cosas se traduce en que tu libido se verá disminuida durante las primeras semanas o incluso meses de lactancia. De modo que ya esto podría explicar cierta reticencia de tu parte a los acercamientos sexuales con tu pareja.

Pero lo que ocurrirá a nivel físico no será todo lo que podría llegar a complicar la reanudación de tu vida sexual. De hecho, después de unas semanas tampoco será lo más importante —salvo que consciente o inconscientemente lo uses de pretexto—. Más bien, y en paralelo con tu situación corporal, otras cosas cobrarán relevancia en relación con tu intimidad.

De modo muy palpable, ahora tu bebé captará permanentemente tu atención y será muy difícil para ti desconectarte de esa suerte de radar ineludible que te indicará en todo momento si tu bebé te necesita. Esto podría pasarle también a tu pareja, pero con seguridad será más fuerte en ti. Especialmente si no cuentas con ayuda fija y de confianza en casa, y mientras los ciclos de sueño de tu bebé no estén bien establecidos, sus demandas llegarán constantemente a ti en forma inevitable e impredecible, y esto, como es evidente, complicará bastante que puedas soltarte y dejarte ir en un encuentro amoroso. Así, por un tiempo las relaciones tendrán que ser menos frecuentes, menos largas y, en algunos casos, menos espontáneas que antes.

Paralelamente, y como habíamos mencionado ya, la relación con tu pareja podría no estar pasando por un momento muy estable. Tu vaivén emocional, la nueva cotidianidad con el bebé o la historia misma de la relación entre ustedes dos pueden estar generando tensiones diversas, y mientras éstas no se resuelvan el deseo entre ambos también podría verse entorpecido.

Por otro lado, también puede ocurrir que para él, para ti o para ambos, sea difícil conciliar tu imagen de mujer y de madre. Tal vez te sientes menos atractiva en tu nueva condición o le has perdido interés a ese tema; y, por su parte, él podría encontrarte demasiado maternal o sentirse excluido de la relación tan estrecha que tienes con tu hijo y considerar que por ahora estás reservada sólo al bebé. Pero, ojo, esto no debería ser así. La sexualidad es algo fundamental para ambos y debería poder constituir un espacio casi sagrado para complacerse y fortalecerse como individuos y como pareja, aun dentro de las condiciones que impone la nueva cotidianidad con el bebé. Ser mamá y ser mujer no se oponen. Para muchas mujeres la sexualidad se vuelve incluso más plena después de haberse convertido en madres.

Así que piénsalo y toma cartas en el asunto; aun en estas circunstancias puedes ser atractiva y sensual, y es tarea de ambos fomentar la seducción y el erotismo porque, además de todo, y dándole la vuelta a la situación, hacerlo así puede constituir la clave para revertir o curar los desencuentros que haya en la relación a otros niveles.

9

¿CÓMO ENTENDER LO QUE VIVE EL PAPÁ
EN TODO ESTE PROCESO?

Por lo general, para los hombres convertirse en papás también marca un antes y un después en la vida. El cambio puede no ser tan radical o tan directo como en las mujeres porque ellos no se embarazan, ni paren, ni amamantan, etcétera, pero sí ven en ese bebé algo que ellos generaron, lo que puede llenarlos de maravilla y traer un enorme giro en su existencia —especialmente si están bien comprometidos con su pareja y si tienen la madurez de comprometerse también, y sobre todo, con su hijo—. Cuando es así, el cambio de prioridades es tan inminente como en las mujeres, pero para ellos representa retos diferentes. Algunos de estos retos podrían ser:

El reto económico. De cara a la paternidad, los padres generalmente asumen el compromiso de dar a su hijo todo lo que a ellos mismos les fue dado, o más, y desde el embarazo ésta se convierte en una preocupación cotidiana. Como en las mujeres, para ellos también es un gran reto encontrar el balance para conciliar el tiempo para el trabajo y el tiempo para la familia. Muchos se sienten muy angustiados si no ven cómo resolver todas las necesidades económicas que ahora recaerán principalmente en ellos, y por eso suelen enfocarse más en el trabajo que en la experiencia directa con su mujer y su bebé; algunos se sienten tranquilos y que están dando su parte en la medida en que pueden sostener la casa y, en principio, los breves momentos de convivencia cotidiana con su bebé resultan ser suficientemente gratificantes. Otros más —los menos tradicionales—, aun con esas preocupaciones, o en la posibilidad de bajar su ritmo de trabajo, anteponen su tiempo en casa y buscan la manera de involucrarse de una forma más cercana con su mujer y su bebé desde el principio.

Sus espacios personales. En muchos casos, la nueva necesidad de ver en forma prioritaria lo económico, sumada a todas las demás implicaciones de tener un bebé en casa, genera en los hombres cierta angustia por sentir en riesgo su libertad y el espacio para satisfacer sus propias necesidades. También para ellos un bebé puede significar una reducción muy significativa o la pérdida temporal de sus placeres más personales, desde comprarse discos, libros o cualquier antojo a sus anchas, hasta sentarse en casa a ver el futbol, escuchar la música a cierta hora o con cierto volumen, o salir con sus amigos a divertirse o relajarse y, en general, dejar de disponer de su tiempo y su dinero como hasta ahora lo habían hecho. Para algunos esto es parte de un proceso personal y temporal, y para otros puede significar también conflictos de pareja o con la paternidad misma.

La relación de pareja. Otro de los retos es asimilar el cambio de prioridades en la mujer y encontrar su lugar en la nueva situación. Independientemente del asombro que pueda causarles el poder maternal que adquiere su mujer, y de la comprensión que puedan sentir hacia los altibajos propios de la etapa que ella está viviendo, la situación completa habrá afectado su dinámica de pareja y su vida sexual, por lo que estarán esperando que ella dé la pauta para reanudar el contacto, y mientras esto no suceda les resultará difícil sentirla tan cerca como antes.

Por otro lado, esa división de funciones que estará ocurriendo de manera tan palpable, su nuevo papel de proveedor, la maternidad tan intensiva de su mujer, tanto tiempo fuera de casa, posibles presiones económicas, la falta de un tiempo para sí mismo, alguna dificultad para involucrarse con las necesidades del bebé y de la nueva cotidianidad en casa, o para encontrar el cuerpo de su mujer como un territorio de placer, así como el no sentirse lo suficientemente atendido o apoyado por ella en este periodo; cualquiera de estas circunstancias puede volver muy vulnerable la relación de pareja y no es casual que muchos hombres sean infieles o varias parejas truenen justo en esta etapa. Lejos de juzgar la situación, se trata de ver que también las necesidades de los hombres se replantean enormemente con un hijo, y esto pone a prueba la relación de pareja y el compromiso de cada uno dentro de ella.

Vincularse con su hijo. Al margen de lo que pase con su mujer, la relación de un padre con su hijo suele ser muy estimulante, casi en todos los casos. La llegada de ese hijo marca fuertemente su vida e, independientemente del tiempo real que pueda dedicarle, lo asombrará y lo maravillará de manera cotidiana. En este sentido, lo tradicional es que al principio le resulte más difícil hacerlo, que su bebé a veces le parezca demasiado enigmático, además de que por naturaleza será menos proclive que tú a lidiar con los llantos, los desvelos y los pañales. Pero, conforme el bebé vaya creciendo, seguro le será más fácil estrechar cada vez más su relación con él. Por otro lado, en la actualidad muchos padres se involucran más en tiempo y energía con sus bebés, lo cual se ve retribuido en una complicidad más estrecha con ellos desde el principio. Y, salvo que haya violencia, abuso, intolerancia o negligencia, será un terreno que deberás respetar mucho, porque la relación entre el padre y tu hijo les pertenecerá a ellos.

10

¿CÓMO PUEDO FORTALECER MI RELACIÓN DE PAREJA EN ESTA ETAPA?

Hoy en día la maternidad-paternidad en una pareja es algo que debe concebirse de manera igualitaria, como un compromiso en el que ambos son responsables por igual de la concepción del hijo y, por lo tanto, de su cuidado. Cada uno deberá absorber ciertas tareas, en el mejor de los casos, como resultado del acuerdo mutuo y de una deliberación constante, y lo mejor será que esta división de funciones contemple las necesidades que el bebé tiene de ambos padres, y también las que cada uno de ustedes tiene por su lado.

Pero es importante resaltar que, más allá de las funciones que asumirán a la hora de convertirse en padres, e independientemente de sus propias necesidades individuales, es fundamental que la pareja siga siendo un proyecto en sí mismo. Esto significa que junto con todas las implicaciones que velar por el nuevo bebé trae en la vida cotidiana, y por difícil que resulte a veces, hay que seguir cuidando las necesidades de la relación. De lo contrario, podrá haber vida familiar, con una mamá y un papá compartiendo el techo y algunos momentos en la vida del hijo, pero sin sustancia de por medio en la relación de pareja.

En otras palabras, ahora los dos tendrán que hacer algunos esfuerzos adicionales respecto a lo que de momento será lo más urgente —el bebé y la resolución de todas sus necesidades—, en aras de algo igualmente sustancial que es su propia relación. Ese cuidado, esa antena puesta también ahí será un apoyo en los momentos difíciles y una fuente de energía de gran valor para ambos.

Algunas sugerencias:

- Mantengan una comunicación lo más estrecha posible.
- Hagan equipo en la ardua tarea de establecer los horarios de sueño de su bebé, a fin de liberar un espacio para ustedes todas las noches.
- Jueguen juntos con él, compartan lo maravilloso de esta etapa.
- Planeen actividades en común, en las que su bebé pueda estar presente pero en donde lo más importante sea la convivencia entre ustedes dos. Por ejemplo, salir a caminar, a comer, sentarse a escuchar música o a ver una película. Aunque haya interrupciones, les hará pasar un rato agradable juntos.
- De vez en cuando, y tan frecuentemente como pue-

dan, planeen también actividades para estar a solas. Dejen al bebé un rato con los abuelos o con alguna nana de toda su confianza y escápense. Esto les dará, además, temas de conversación más allá del bebé y de sus propias rutinas diarias, que a veces hacen falta.

- Fomenten una vida sexual activa tan pronto como puedan retomarla. Planear sus encuentros sexuales, o algunos de ellos, podría servir como recurso para garantizar su frecuencia.
- Mientras tú no te sientas bien como para tener sexo pero sí necesites la cercanía y el apapacho, generen intimidad de otra forma; por ejemplo, con masajes o cariños mutuos.
- Cuiden los espacios que comparten cotidianamente. En la medida de sus posibilidades, sean atentos en aquellos detalles que al otro le importan.
- Si las cosas se complican demasiado, consideren alguna terapia de pareja. En la actualidad hay muchas y seguro podrán obtener algo positivo. Infórmense y busquen lo más afín a ambos.

Cabe resaltar algo: si bien la relación de pareja debe ser un proyecto en sí misma, y ése debe ser el motor para estar juntos, no se puede soslayar que un gran estímulo para cuidarla es justamente ese hijo (o hijos) que hicieron entre los dos y que de ahora en adelante será un vivo reflejo de ambos, uno de sus seres más queridos y también un terreno ineludible de vinculación.

Hablando de ese hijo, el hecho de que las dos personas más importantes en su vida se amen entre sí, le dará mucha seguridad emocional, además de que le permitirá recibir no sólo todo lo bueno que cada uno puede ofrecerle por separado, sino también algunas de sus primeras y más importantes lecciones acerca de lo que es mantener y cuidar una relación amorosa, no exenta de dificultades y tensiones, porque eso es imposible, pero sí viva y en crecimiento.

Por otro lado, si después de intentar muchos caminos y sopesar mucho las cosas ves que tu relación no está funcionando, porque no es ese marco dentro del cual tanto ustedes como el hijo pueden sentirse tranquilos, compartir y crecer, entonces podrías considerar la separación.

11

¿COMÓ LO HARÉ SI ESTOY SOLA?

Criar a solas un hijo es, sin lugar a dudas, mucho más complicado que hacerlo con el apoyo de una pareja, especialmente porque ese que falta es su padre y, como tal, es insustituible en la vida de tu hijo (no en la tuya). Sea cual sea tu caso —te separaste, nunca viviste con él, enviudaste, incluso si la separación está en proceso o es apenas una posibilidad que ronda tu cabeza—, debes asumirlo así: el trabajo cotidiano que de otro modo se repartiría entre dos, recaerá sólo en ti y necesitarás ser particularmente fuerte para sacar adelante la situación. Pero por difícil que parezca, ten la certeza de que es posible y de que para tu bebé es suficiente con tener a cada uno de sus padres por separado, o incluso sólo a ti (mamá o papá), siempre y cuando estés bien. Así que no dejes que las angustias, la culpa o los estigmas sociales te dominen y enfócate en lo importante, es decir, en el bienestar de tu hijo y de ti misma. Toma en cuenta las siguientes sugerencias:

- Acepta la situación. Empieza por convencerte de que el hecho de que no estés con el padre de tu hijo no significa necesariamente que tu hijo vaya a sufrir. Su desarrollo puede ser completamente normal e incluso mejor que el de otros en cuyas familias la relación de pareja no es buena. Considera que la estabilidad emocional y la seguridad de tu hijo sobre sí mismo se formarán en gran medida a partir de la tranquilidad y el amor que tú le des todos los días.

- Acércate a las personas de tu mayor confianza y apóyate en ellas cuando lo necesites (familia, amigos, otras mamás en situación similar, una nueva pareja). Pon especial cuidado en que sea gente positiva y toma en cuenta que para tu hijo y para ti será más enriquecedor estar en contacto con alguien más, que encerrarse en una burbuja.

- Hablando de separaciones y divorcios, haz lo posible por guardar con tu ex pareja los mejores términos posibles para que aun en la distancia puedan resolver cualquier eventualidad que se presente en relación con su hijo, y para la cual sea necesaria la aceptación o el consentimiento de ambos. Repartan responsabilidades (económicas y logísticas) de la manera más equitativa posible. Asesórate legalmente.

- Si debes buscar el sustento para ustedes, no ceses de explorar la mejor fórmula para generar un ingreso suficiente, sin por ello dejar de pasar tiempo de calidad con tu hijo. Y si la urgencia de resolver lo inmediato es tal que debes aceptar condiciones que no son las más favorables, hazlo sin agobiarte pero confía en tus capacidades y no dejes de buscar algo mejor. Entretanto, asume que el tiempo para estar con tu hijo será reducido, así que encuentra las mejores manos a tu alcance para dejarlo en tu ausencia; organiza bien tu tiempo y ten claro que los momentos con él sean realmente de calidad.

- Conforme veas que puedes hacerlo, incluye en tu agenda un espacio para realizarte también de manera personal. En la medida en que lo logres —tanto emocionalmente como en tus intereses más allá del trabajo—, podrás sentirte mejor contigo misma, lo que a su vez se verá reflejado en una mejor relación con tu hijo y con el mundo.

- Separa siempre los sentimientos negativos que tengas hacia el padre de tu hijo y/o hacia la situación en general, de lo que puedes sentir hacia tu hijo, que no tiene por qué cargar con tus frustraciones o sentir que es culpable de algo. En este sentido, considera también que a futuro tus comentarios y actitudes influirán totalmente en su forma de ver las cosas, por lo que es mejor que desde ahora te hagas a la idea de no llenarle la cabeza de ideas negativas sobre su realidad, y esperes a que él tenga el criterio para entender las cosas y hacer su propia valoración de las mismas.

- Por difícil que parezca, ten en mente que lo mejor es decirle a tu hijo siempre la verdad sobre lo que está pasando o lo que pasó. Las mentiras piadosas no son una buena idea; es mejor esperar el momento adecuado para decir solamente la verdad y ayudarle a aceptarla tal como es. Ésa es su verdad y con ella tiene que vivir. Si no sabes cómo manejarla, apóyate en alguna terapia para ti, para él o para ambos.

- Por último, ve en todo esto la posibilidad de un nuevo comienzo y piensa que la fortaleza, el reconocimiento de tus errores y la capacidad de rectificar que demuestres en todo este proceso constituirán, a la larga, grandes lecciones de vida para tu hijo.

12

¿POR QUÉ ES TAN IMPORTANTE QUE YO ESTÉ BIEN?

Estar bien, estar bien, en el fondo todo parece conducir a esto. Pero así es: una mamá contenta hace un bebé contento.

Piensa esto: entre tu bebé y tú se generará un círculo, un ir y venir. Ese intercambio será más directo y cerrado mientras más pequeño sea él, y conforme pase el tiempo se irá abriendo, volviéndose cada vez más importantes en su vida otras presencias además de la tuya. Por ejemplo, y en primer término, la de su papá, quien también podrá tener una función central, dependiendo de la medida en que él mismo pueda acercarse y vincularse con su hijo, cosa que ojalá tú puedas fomentar pues, más allá de tu relación con él, tu hijo lo necesita. Además de su papá, poco a poco también serán importantes hermanos, abuelos, cuidadoras, etcétera.

Hablando de ti, que estarás ahí desde el comienzo en una posición fundamental, si le transmites paz y serenidad a tu bebé, salvo que tenga algún malestar, él estará tranquilo. En contraste, si estás tensa o angustiada, él lo percibirá, lo resentirá y se pondrá más llorón sin razón aparente. Y si tu tensión es constante, también en él lo será, lo que a su vez tensará más la relación contigo y a ti misma y, como en todo, una vez viciado el círculo, más difícil será romperlo. El punto es que mientras esto ocurre en una etapa avanzada de tu vida, para él sucede en el periodo más importante de su formación como individuo, y puede tener consecuencias profundas en su psiquismo y en su forma de relacionarse no sólo contigo, sino también con el resto del mundo. De manera que es aquí, justo aquí, en el corazón de ese ir y venir entre ustedes, donde tu función cobra una gran relevancia porque eres tú —no tu bebé, ni nadie más— quien puede y debe generar el círculo contrario. Vaya responsabilidad.

Piensa que no se trata de que todo sea apacible y fácil: altibajos, dudas y conflictos de todo tipo se presentarán continuamente, y no puede ser de otra forma. Sólo que en la medida en que tengas más mecanismos para relajarte, le harás más bien a tu bebé, lo tranquilizarás mejor, reducirás las dificultades y podrás disfrutar de esta etapa con más plenitud —tanto más porque muchas de esas dificultades nacerán o crecerán a partir de tu propio nivel de tensión o estrés, ¿te fijas?—. De modo que enfócate en generar positividad y fuerza, genera esa alquimia dentro de ti usando como principal alimento e inspiración esa vida nueva, a un tiempo frágil y poderosa que tienes enfrente, y verás cómo tu bebé te lo devolverá multiplicado porque él es eso: fuente de vida, apertura, vitalidad, sed de amor y de aprendizaje.

Por otro lado, ve también un poco más allá de tu bebé. Aunque en esta etapa él es tu prioridad, si sientes algún vacío o algo que es importante para ti te empieza a hacer falta, encuentra la manera de procurártelo. Antes de ser mamá eres individuo, y estar bien para ti misma es lo primero.

13

¿CÓMO PUEDO RELAJARME Y DISFRUTAR MÁS ESTA ETAPA?

Considera estas sugerencias:

- Trata de mantenerte siempre tan descansada como puedas, come muy bien y toma suficiente agua. Cuidar tu salud debe ser siempre una prioridad.
- Sigue al pie de la letra todas las indicaciones médicas que hayas recibido para tu recuperación del parto o cesárea, y en general para toda esta etapa. No fuerces tu cuerpo.
- Haz lo mismo en relación con las instrucciones médicas para tu bebé.
- Sobre todo al principio, enfócate en tus necesidades y las de tu bebé, y luego en las de tu núcleo familiar inmediato. Y que el resto del mundo espere.
- Fomenta un ambiente tranquilo en casa.
- Cuando tu bebé tenga pocos días o semanas de nacido, acepta la ayuda de parientes o amigos de confianza, organízalos para que no vengan todos a la vez, sino

espaciadamente, y aprovecha esas visitas para pedirles algo que te haga falta.

- Si las visitas empiezan a parecerte excesivas, toma iniciativas y limítalas. Que nadie te abrume.

- Toma conciencia del estado hipersensible por el que pasarás, especialmente en las semanas siguientes al nacimiento de tu bebé, así que blíndate tanto como puedas ante aquello que escape de tu control.

- Si estás con tu pareja, reparte responsabilidades con él y pongan en marcha la creación de estrategias para resolver los nuevos retos de la vida cotidiana. Acércalo a ti y al bebé: mientras más estrechamente se involucre, mejor para los tres.

- Recuerda que sería muy normal que haya desencuentros con tu pareja. No lo presiones; también para él es una etapa difícil (tu hipersensibilidad, por ejemplo; tal vez no sepa cómo manejarla). Mientras no encuentres un apoyo suficiente en él, trata de que tu estabilidad emocional dependa más bien de ti misma o, en todo caso, de otras personas queridas.

- Apóyate especialmente en los abuelos, si están cerca. Serán muy felices de poder estar con su nieto.

- Si puedes, organízate para tener ayuda doméstica permanente o periódica. Por tu parte, otorga siempre más prioridad al bebé que a los quehaceres de la casa.

- Aunque es un placer excelso tener a tu bebé dormido en los brazos, muchas veces será mejor ser práctica y aprovechar sus siestas para acostarlo y resolver cualquiera de tus innumerables pendientes.

- Aprovecha los momentos que pasas dándole de comer a tu bebé para relajarte y entrar en calma. Si te hace falta, escucha música, lee o incluso ve un poco de televisión (con un volumen suave).

- A veces, aun poniendo todo de tu parte, no lograrás descifrar su llanto. En esos mometos más que nunca deberás mantenerte en calma y junto a él. Despúes la crisis pasará y él agradecerá que hayas estado ahí.

- Vuélvete más organizada que antes, pero también más tolerante al desorden.

- Revalora a tu mamá, a las abuelas y a ese silencioso y antiguo arte de sacar adelante la casa y los hijos. Es un trabajo laborioso y extenuante, pero de sumo valor.

- Aprende a hacer algunas cosas con tu bebé en brazos, con rebozo o cangurera. No sólo quehaceres, sino cosas que te satisfagan a ti.

- Poco a poco, enséñale a acompañarte en tus ocupaciones, acostado o sentado cerca de ti, en algún lugar

seguro. Empieza por periodos cortos y alárgalos poco
a poco.

- En los momentos más tensos, contar hasta 10 sigue
siendo una gran opción. Ejercítate en la virtud de no
descargar tu enojo en tus seres queridos, y en tu bebé
menos que en nadie. Encuentra otras formas de des-
fogarte.
- Conforme sientas que es necesario, date espacios para
tomar un respiro, tanto a solas como en pareja o con
tu gente querida.
- Caminar en silencio es un gran calmante que puedes
hacer con tu bebé. También el yoga o alguna otra actividad física que tu médico autorice.
- No te concentres en tus sinsabores, sean cuales sean.
Cultiva la templanza y hazte fuerte porque los retos
cada vez serán mayores.
- Toma conciencia de que estos días largos y lentos son
parte de una etapa que pasará y que después parecerá
haber sido muy breve.
- Aprecia las grandes maravillas que tienes enfrente, ni
más ni menos, la experiencia amorosa con tu bebé y
la posibilidad de redescubrir el mundo a través de sus
ojos.

14

¿CÓMO DEBO MANEJAR EL PUNTO DE VISTA DE LOS DEMÁS (PAREJA, MÉDICOS, PARIENTES, AMIGOS, LIBROS, REVISTAS, ETCÉTERA)?

Ya desde el embarazo habrás notado que todo el mundo tiene algo que decir acerca de cómo deberías criar a tu bebé. Así seguirá siendo cuando nazca y durante sus primeros meses o años de vida: constantemente la gente a tu alrededor te dará sugerencias y muchas veces éstas serán encontradas entre sí o contrarias a tu propio punto de vista. Cuando no sepas cómo escapar de tantas opiniones, recuerda que tus mejores armas son la diplomacia y el conocimiento. No tienes por qué seguir consejos de nadie si no estás convencida de ellos, ni siquiera si vienen de gente muy cercana o con las mejores intenciones. Por otro lado, mientras más perceptiva e informada estés, más amplio será tu criterio y más herramientas tendrás para sostener y poner en práctica tus propias ideas sobre la educación de tus hijos. Y si las diferencias ocurren con tu pareja, será muy importante que los dos investiguen lo suficiente especialmente sobre el tema en cuestión, para contar con información seria y fundamentada que, sumada a una negociación de expectativas, les ayude a llegar a un acuerdo.

Ahora bien, ¿dónde informarte? En la actualidad hay muchos medios a tu alcance, empezando por los médicos o terapeutas de tu confianza. Pero además está internet, donde existen muchos portales especializados en maternidad, bebés, salud y educación. También hay programas de radio, documentales, revistas con diversos enfoques y numerosos libros (aquí mismo, al final, encontrarás una bibliografía básica sugerida), así como cursos y conferencias de especialistas en temas diversos. Enfócate en los que le parezcan más confiables y trata de confirmar su validez con fuentes serias. Sé especialmente cuidadosa con la información que obtengas de internet.

Paralelamente, vincularte con otras mamás que estén pasando más o menos por la misma etapa que tú será muy enriquecedor. Además del intercambio de información, te sorprenderá descubrir la solidaridad y la complicidad que encontrarás en ellas. Y mientras ustedes comparten experiencias, anécdotas y dudas, sus bebés tendrán mucho que descubrir y aprender unos de otros.

Así pues, analiza siempre las distintas respuestas que encuentres sobre aquellas preguntas que te haces, platica con tu pareja y ve formando un criterio lo más amplio posible, sin olvidar que cada bebé es un individuo con un organismo, un ritmo de crecimiento, una personalidad y un contexto familiar y social propios, por lo que no se adaptará a ningún molde sino que requerirá de respuestas particulares. En este sentido, tampoco pases por alto aquellas señales que podrían estar indicando que algo no es del todo normal en tu bebé. Haz caso a tu intuición: especialmente si te dice que algo no anda bien, investiga y pide diversas opiniones de personas que sepan.

Vale la pena resaltar que, en relación con las cuestiones médicas, la información promedio a la que tendrás acceso no será suficiente y deberás poner la salud de tu bebé en manos de profesionales capacitados para ello. De manera que si lo que tu pediatra te dice no te convence, siempre puedes cambiar a otro cuyos diagnósticos y métodos te funcionen mejor, pero nunca deberás tomar decisiones sobre la salud de tu bebé a solas. De hecho, lo único que puede hacerte sentir autorizada para dejar de seguir una prescripción médica, es otra prescripción médica, con tanto o más respaldo que la primera.

Recuérdalo, en el fondo deberán ser tu intuición y tu propio criterio los que imperen (de ser el caso, de acuerdo con tu pareja) y los que te guíen en la búsqueda de las mejores respuestas para ti y para tu familia.

15

¿CÓMO DEBO ORGANIZAR LA CASA
PARA RECIBIR A MI BEBÉ?

Pasemos, ahora sí, a las primeras situaciones prácticas relacionadas con tu bebé. Para empezar, necesitarás preparar los espacios de tu casa donde más vas a estar con él (tu "nido"), así como cierto mobiliario básico:

Su cuarto. Al principio no importará mucho si le destinas un cuarto entero a tu bebé o sólo un espacio en una habitación ya ocupada, como la tuya, siempre y cuando ese espacio sea agradable, tranquilo y adaptado para él. Con el tiempo, e independientemente de que sigan pasando muchas horas en tu cuarto, sí sería bueno que pudiera contar con un cuarto propio (o compartido por hermanos), ordenado, seguro, fácilmente lavable y acogedor, donde puedan estar todas sus cosas: ropa, juguetes y su espacio para jugar, que poco a poco tu bebé pueda identificarlo como suyo y que con el tiempo será también su espacio para dormir.

Un armario para su ropa. Guarda toda la ropa que vayas comprando para tu bebé o que recibas de regalo o por herencia, en un armario o clóset destinado para eso, bien ordenada por tipos y por edades, y a la vista. Esto te permitirá darte cuenta de si te hacen falta algunas cosas para su ajuar de las próximas semanas y/o meses, así como aprovechar todo lo que tienes. Aquello que en principio verás enorme, seguramente le quedará más pronto de lo que crees, así que ten el hábito de probarle de vez en cuando esa ropita más grande que tienes guardada. Piensa que es mejor que la empiece a usar cuando todavía le queda un poco grande, a que te acuerdes de ella cuando ya sólo la puede usar unas semanas o de plano ya no le queda. Los overoles son particularmente engañosos; fíjate en ellos.

Su cama. Para dormir a tu bebé necesitarás una cuna, un moisés o bambineto (cuna más pequeña fija o transportable), o incluso tu propia cama. No hablaremos por ahora de los factores para decidir si en las noches debe dormir con ustedes o no. Digamos por lo pronto que, independientemente de que lo haga a veces o siempre, también conviene tener un moisés y/o una cuna para sus siestas diurnas. El primero es más ubicable y cómodo para los meses iniciales. Cuando ya queda pequeño, o si prefieres desde el principio (para ahorrar, por ejemplo), puedes usar una cuna. Las mejores son las que tienen lados abatibles (para sacar fácilmente al bebé) y altura del colchón ajustable (altos, cuando no saben levantarse solos; y bajos, para evitar accidentes cuando están aprendiendo a pararse). En cualquier caso, lo importante es que tenga un colchón estable y lavable (al menos la funda). También podrías pasarlo a un colchón en el piso. En todos los casos, extrema siempre las medidas de seguridad. Por cierto, el lugar donde va a dormir el bebé debe tener una temperatura promedio de 16 a 20 °C.

El lugar para amamantarlo o alimentarlo. De ser posible, un sillón muy cómodo que esté en tu cuarto y/o en el suyo, con varios cojines suaves para que puedas acomodarte lo más confortablemente posible en tu periodo de recuperación tras el parto o cesárea, en un lugar con buena temperatura, sin corrientes de aire (pero que pueda ventilarse), con espacio cerca para poner un vaso de agua, trapitos limpiadores, el teléfono, lecturas y todo cuanto puedas necesitar tener a la mano por lapsos largos. Tu cama, con suficientes cojines, también puede funcionar, pero si cuentas además con un sillón será mejor, porque podrás alternar. En cualquier caso, sobre todo al principio, procura estar muy cómoda al dar de comer a tu bebé, pues vas a pasar mucho tiempo haciéndolo y, ni por ti ni por él, será fácil levantarte.

Cambiador. Un espacio cómodo para cambiar pañales muchas veces al día (de preferencia de pie, para no cansar o lastimar tu espalda a la larga), con todo lo necesario a la mano. Ojo: no hagas que el lugar para guardar pañales y demás materiales para el cambio sea otra parte. No pienses que a la hora de la hora, a media operación cambiadora, será fácil ir por algo que te faltó. Mejor ingéniatelas para tenerlo todo siempre ahí, a la mano: pañales, toallitas o algodones húmedos, la pomada para rozaduras, ropa extra, etcétera, en suficiente cantidad. Es conveniente que tu cambiador tenga una superficie a la vez suave y plástica, para que tu bebé esté cómodo y pueda lavarse fácilmente.

Baño y bañera. Necesitarás una tina alta o tinaja que pueda subirse al lavabo o incorporarse al cambiador, a una altura adecuada para poder sujetar con comodidad al bebé; deberá estar siempre limpia con jabones no tóxicos, y encontrarse en un lugar donde sea fácil llenarla de agua, cuyo piso pueda mojarse y sin corrientes de aire. Como con el cambiador, será importante que puedas tener cerca todo lo que necesitarás durante y después del baño; es decir, el espacio mismo para secar y cambiar a tu bebé, la ropa y todo lo demás. Así evitarás interrumpir la operación o someter a tu bebé a cambios bruscos de temperatura. Cuando cicatrice bien su cordón umbilical podrás bañarlo también en regadera. En la parte de higiene de este libro se hablará más del tema.

Sé práctica. En general, recuerda que te conviene organizar tus espacios para tener siempre al alcance de tu mano lo que vayas a necesitar. Si solucionas esto, tendrás resuelta gran parte de la vida cotidiana.

16

¿QUÉ OBJETOS DEBERÉ TENER LISTOS PARA MI NUEVA COTIDIANIDAD?

Además de los espacios y muebles mencionados, necesitarás lo siguiente:

La ropa y el jabón para lavarla. La mejor ropa para bebé es la de algodón, porque le permite transpirar bien y es más cómoda y segura que las de fibras sintéticas. Sobre todo los primeros meses será mejor si le quitas las etiquetas, especialmente las muy grandes o gruesas, que puedan lastimar su piel. Las primeras semanas también convendrá evitar la ropa que se pone por la cabeza.

Siempre lava primero cualquier ropa nueva o que lleve mucho tiempo guardada y que le vayas a poner. Para lavarla (y también la tuya) evita los detergentes y suavizantes con olores penetrantes. No sólo inhiben el olor natural de tu bebé, que es de los más bonitos que hay, sino también tu olor, que es muy importante para él. Además, no sabes cómo están hechos y es preferible evitar el contacto con químicos. Lo mejor es el detergente neutro y, si lo encuentras, hipoalergénico.

Mientras tu bebé no camine no es necesario ponerle zapatos, o por lo menos no de suela dura, pues pueden entorpecer el desarrollo del arco de sus pies.

Trapos y baberos. Los trapos deben ser de algodón para limpiar la leche que se le regresa, flemas y fluidos nasales y, con el tiempo, serán útiles para muchas cosas más. Manta de cielo o toallitas pequeñas funcionan muy bien y son fáciles de conseguir. Igualmente, como los usarás mucho en su cara, lávalos con jabones suaves. En cuanto a los baberos, serán útiles tanto si tu bebé devuelve mucho la leche, como para el momento de introducir el biberón o las papillas; también cuando empiece el proceso de dentición, en el cual habrá lapsos en los que salivará mucho. En la actualidad existen baberos de plástico que son más fáciles de lavar.

Cojín para amamantar (opcional). Deberá tener una forma curva y ser grueso (más que una almohada normal) para que puedas acostar a tu bebé en él mientras le das de comer. Esto te permitirá tener la espalda derecha y no cargar el peso de tus senos demasiado hacia abajo, además de que tu bebé estará más cómodo. En dado caso, con cojines o almohadas de tu casa podrás improvisar algo similar.

Sábanas y cobijas. Como la ropa, deben ser de algodón

y fibras naturales. En el caso de las cobijas, es mejor que no tengan flecos (para que no los chupe), sin agujeros o encajes donde puedan atorarse sus deditos, y que no sean sintéticas porque los hacen sudar más y no se ventilan de forma adecuada. Los sacos de dormir son una buena opción porque el bebé puede moverse cómodamente sin destaparse. Los pediatras desaconsejan las almohadas.

Cortinas y lámparas muy tenues. Serán clave en las noches. Unas buenas cortinas o persianas te servirán para oscurecer bien el cuarto del bebé y enseñarlo a dormir mejor durante las noches. Las lámparas deberán estar a tu alcance en donde le des de cenar; sobre todo al principio, necesitarás luz para orientarte, pero será importante que sea lo más tenue posible. Asegúrate de que la puedas prender y apagar mientras maniobras con tu bebé.

Monitores. Si tu casa es grande, serán muy útiles mientras duerma y tú estés en una habitación diferente de la suya. Es fundamental que siempre verifiques su buen funcionamiento y que, independientemente de eso, de cuando en cuando vayas a ver que todo está bien con tu bebé. No te confíes.

Pañales. Más adelante en el libro hay otra pregunta sobre cómo elegir los pañales para tu bebé. Por lo pronto considera que, sean cuales sean los que elijas, deberás tener una buena reserva para los primeros días y, de preferencia, semanas.

Toallas húmedas para cambiarlo. En relación con las toallitas húmedas, lo mejor —al menos para las primeras semanas— es el algodón con agua. Venden unas bolsas de algodón ya cortado en forma de telitas circulares o rectangulares. Lo más cómodo es tenerlos ya cortados de forma individual en alguna caja o bolsa fácil de abrir y cerrar, y humedecerlos al momento con agua pura, sin que escurran. Desde luego, también puedes comprar las que venden ya humedecidas, especiales para bebé. Como en lo demás, las mejores son las más neutras que encuentres y, de ser posible, hipoalergénicas.

Implementos para el baño. Para bañarlo necesitarás una o dos toallas suaves de uso exclusivo para él, jabón neutro hipoalergénico y, opcionalmente, una esponja suave y un termómetro sumergible. Cuando crezca también podrás darle algunos juguetes que hagan más divertida la hora del baño. En cuanto al champú, conviene empezar a ponerlo sólo después de los 12 meses.

Botiquín. Con termómetro, pomada de rozaduras, pomada para golpes (por ejemplo, de árnica, caléndula o flores de Bach), gotero, limas, tijeras con punta roma o cortaúñas para bebé, aceite para masaje, algo que le pueda bajar la temperatura en caso necesario y algún medicamento de cabecera (consulta a tu pediatra).

Esterilizador. O una olla de acero inoxidable o de peltre (sin golpes o partes descarapeladas) para esterilizar cualquier cosa que se ofrezca. En la medida de lo posible, no utilices aluminio para esterilizar ni para cocinar.

Hamaca, mecedora para ti y/o para él. No son imprescindibles, pero sí muy útiles para tranquilizarlos, entretenerlos y arrullarlos. Cabe resaltar que el movimiento rítmico y suave relaja mucho a los bebés, porque les recuerda cuando estaban en el vientre materno. Las hamacas, por ejemplo, pueden llegar a constituir un gran relevo para tus brazos, a la hora de dormir. La mecedora para ti te ayudará a arrullarlo en tus brazos, y la de él lo entretendrá bastante y le permitirá ver lo que sucede a su alrededor mientras tú puedes hacer otras cosas cerca. En los tres casos, hay que tomar las medidas de seguridad pertinentes; infórmate bien.

Despensa. Además de los objetos ya mencionados, prevé tanto como puedas la compra de una gran despensa que pueda durarte mucho tiempo, y que contemple la comida para tu propia dieta, en la cual, según verás, deberás poner mucho cuidado.

17

¿QUÉ NECESITARÉ PARA LOS TRASLADOS?

Pañalera. Una mochila cómoda y amplia para cada vez que salgas a la calle, con pañales, toallitas o algodones húmedos, una muda extra, cambiador portátil (es decir, alguna tela donde quepa tu bebé acostado, que te sirva para aislarlo y protegerlo de la superficie en donde vayas a cambiarlo, con tela plástica para que puedas lavarla fácilmente) y bolsas de plástico para guardar y/o tirar los pañales sucios. Si es necesario, suéter y/o cobija. Conforme crezca, incluye juguetes y lo necesario para sus comidas. Cuando sea el caso, podrás llevar también pomada para rozaduras, termómetros, etcétera. Usa tu criterio; dependiendo de la duración y destino de tus salidas elige qué cargar y qué no. Lo mejor es que puedas llevar tu pañalera en la espalda, que sea cómoda, de tela suave y fácil de lavar.

Carriola. Las carriolas son especialmente cómodas y prácticas para contar con ellas desde el principio. Te será útil para cualquier traslado con tu bebé lo suficientemente corto como para no ir en un vehículo, pero lo bastante largo como para que cargar a tu bebé te resulte pesado. En paseos y salidas, muchas veces terminan volviéndose la base de operaciones donde guardas la pañalera, suéteres, cobijas y otras cosas. Incluso si vas a estar desplazándote por tu casa, las carriolas te dan cierta independencia por el solo hecho de que puedes no tenerlo en brazos todo el tiempo, pero sí tenerlo cerca y arrullarlo. Si tú la vas a comprar, fíjate en que las ruedas se deslicen con facilidad, que sea ligera, abatible, que sus espacios para guardar cosas sean cómodos y, de ser posible, con silla desmontable (o huevito) para ponerla en el coche, lo cual te permitirá no tener que sacarlo y enfriarlo inmediatamente cada vez que lo subas o bajes del auto.

Silla del coche. Si tu medio de transporte va a ser un automóvil, lo mejor es tener la silla para tu bebé desde antes de que nazca, y usarla en cada trayecto, empezando por el que va del hospital a la casa y, a partir de entonces, en todos los demás. Es más segura que tus brazos y por lo tanto es más conveniente. Cuanto antes lo acostumbres a ir en ella y más extremes precauciones, mejor.

El huevito de las carriolas se ha vuelto una opción muy recurrida para dejar ahí a los bebés, más allá de los trayectos en coche, porque van muy cómodos y es fácil transportarlos. Siempre que se tomen las medidas de seguridad pertinentes, ésta es una buena opción para dejarlos dormidos o despiertos un rato, pero es importante balancear ese tiempo con suficientes horas de sueño en posición horizontal (o ligeramente inclinados, si hay problema de reflujo), así como de estar despierto en otras posiciones.

Cangurera y/o rebozo. Las dos son buenas opciones, excelentes para caminar trayectos cortos o largos, dentro o fuera de casa, con las manos desocupadas. Con respecto a las cangureras, asegúrate de que garanticen una buena posición tanto para tu bebé como para ti, o de lo contrario serán contraproducentes. Vale la pena recordar que los rebozos constituyen una forma muy antigua, probada y vuelta a probar, que da mucha seguridad y tranquilidad al bebé no sólo por el movimiento, sino también porque van muy protegidos y cerca de ti. Deben ser de algodón y muy largos. Si aprendes a usarlos, encontrarás que son lo más cómodo y te permiten usar varias posiciones diferentes, según la edad y la ocasión.

Para los traslados en transporte público, lo mejor es llevar a tu bebé en una cangurera o rebozo, con los que puedas sentarte o pararte sin problemas. Así irá muy seguro, cerca de ti y tendrás las manos libres. Más adelante hay preguntas relacionadas con cómo facilitar los traslados en coche y los viajes en autobús o avión.

18

¿CUÁLES SON LAS COSAS QUE NECESITARÉ MÁS ADELANTE?

Biberones y/o vasos entrenadores. A partir del momento en que le des a tu bebé leche en botella, sea tuya o de fórmula, requerirás tener en casa los biberones necesarios. Al principio lo mejor es tener varios diferentes para ver con cuál se acomodan ambos (tú, que los lavarás y guardarás; y tu bebé, que no necesariamente se acomodará con cualquier chupón, ya verás). Una vez elegido el mejor, ya puedes comprar más. Compra también la escobeta que usarás para lavarlos.

Trastes y cubiertos. Los necesitarás cuando introduzcas las papillas. Serán especialmente útiles las tazas pequeñas, los platitos hondos y los tópers pequeños con tapa. Cuando los compres, pruébalos primero antes de comprar más. Considera también comprar lo necesario para cuando des de comer fuera de casa.

Licuadora o molinillo eléctrico. Lo más práctico que encuentres para moler las papillas de tu hijo.

Periquera. Empezarás a necesitarla alrededor de los cinco meses, cuando introduzcas las papillas, o un poco después. Que sea segura y cómoda, de preferencia con cinturón de seguridad y lo suficientemente estable para que tu bebé no se caiga si se balancea en ella.

Un espacio para jugar con él. De preferencia en su cuarto o en el tuyo, que tenga buena temperatura, que sea cómodo y seguro. Lo mejor es el piso mismo, cubierto con una manta amplia, lavable y acolchonada. Así podrás sentarte junto a él y no se sentirá aislado. Conforme crezca, es buena idea transportar esa manta a otras partes de la casa para que te acompañe mientras trabajas. Los corrales pueden funcionar por ratos breves; de lo contrario, tu bebé podría sentirse muy limitado.

Juguetes. Los primeros juguetes empiezan a ser interesantes para los bebés a partir de los dos o tres meses. Sin embargo, y sobra decirlo, todos los que ya hayas comprado tú o que te hayan regalado o heredado, te servirán desde ahora para decorar su cuarto y darle personalidad. De cualquier modo, trata de ir poniendo a su alcance sólo los que vayan de acuerdo con su edad. Más adelante encontrarás otras preguntas sobre este tema.

Juguetero y otros muebles a su medida. Es importante que en cuanto puedas —y de preferencia alrededor del año de tu bebé— le acondiciones un espacio para guardar sus juguetes y objetos preferidos. Un espacio que deberá estar a su alcance, para que él solo, de forma independiente, pueda sacarlos y volverlos a guardar cuando así lo requiera. Si tu bebé no puede alcanzar solo el lugar donde se guardan sus juguetes, asumirá que es incapaz de hacerlo y no podrá contar con ese aprendizaje. Es mejor que sí aprenda a reconocer el lugar para cada cosa y que sea dueño de su territorio. Evita baúles o cajas grandes donde todo se amontone indiscriminadamente. Ten preferencia por espacios abiertos en que se puedan clasificar las cosas según su tipo; por ejemplo, cuentos, peluches, juguetes didácticos, instrumentos musicales, etcétera. No tiene que ser un mueble muy sofisticado ni caro. Pueden ser tablas, repisas, huacales acomodados a su alcance. María Montessori tiene muchas sugerencias sobre esto e hizo hallazgos contundentes sobre la importancia de favorecer la autosuficiencia de los niños desde pequeños.

Cremas, perfumes, talcos. En general, y salvo prescripción médica, no son necesarios e incluso pueden llegar a causarle irritaciones o alergias. Lo mejor es esperar hasta después de los 18 meses para aplicar cualquier tipo de crema, perfume o talco en la piel de tu bebé o, en todo caso, usar sólo productos elaborados especialmente para bebés, y con el consentimiento de tu pediatra. Algo que sí puedes necesitar es algún aceite especial para darle masajes, como aceite de almendras dulces, con un poco de vitamina E para que no se haga rancio, o bien aceite especial para masaje de bebé. Otra cosa que podrías necesitar es bloqueador solar especial para bebés y de máxima protección, o pomadas para cualquier lastimadura.

19

¿Y PARA MÍ, QUÉ NECESITARÉ?

Ropa cómoda para estar en casa. Ropa suave y cómoda, de preferencia de algodón, lavada con el mismo jabón que para la ropa de tu bebé.

Cremas, aceites y otros productos para tu piel. Si esto es importante para ti, tómate el tiempo de elegir las cremas que creas necesitar y tenlas a la mano. Consiéntete, pero asegúrate de que sean realmente confiables tanto para ti como para tu bebé.

Un cuaderno (opcional). Para anotar tus dudas y descubrimientos de esta nueva etapa. Un bebé trae cosas nuevas todos los días, y si en el futuro quieres recordar los detalles que fueron importantes por alguna razón, lo mejor será que los anotes, pues para entonces muchas cosas nuevas estarán ocupando tu cabeza. Además, puede ser práctico, por ejemplo, para apuntar cuestiones relacionadas con sus patrones de sueño, su dentición o sus enfermedades (qué le diste frente a ciertos síntomas, qué funcionó y qué no). También para él será bonito contar con eso en el futuro.

Si planeas amamantar, necesitarás además:

Manto o capa para amamantar. Considera que necesitarás sentirte muy cómoda y tranquila para amamantar, y que en ocasiones quizá tendrás que hacerlo en presencia de tus visitas o fuera de casa. Si te hace sentir más cómoda hacerlo tapada, una manta podría ser suficiente, pero hay capas diseñadas para ello.

Brasier de lactancia. Cómprate al menos tres de estos brasieres especiales, que se desabrochan por delante. Mejor de algodón, sin varillas y que no aprieten. Considera que el tamaño de tus pechos habrá aumentado más o menos una talla con el nacimiento de tu bebé.

Discos de lactancia o pañuelos de algodón. Para absorber la leche que pueda salir de tus pechos entre toma y toma de tu bebé.

Pomada para los pezones. Asegúrate de tener a la mano una pomada que alivie el dolor de tus pezones durante los primeros días. Más vale tenerla ahí y no usarla, a que te haga falta si la necesitas. Consulta a tu médico; lo importante es asegurar que no te irrite y que no le haga daño a tu bebé.

Botellas o jarras de agua. Como necesitarás hidratarte bastante, convendrá que tengas una jarra con vaso o un termo de plástico a la mano, que te permita calcular con facilidad cuánta agua has tomado cada día. Evita rellenar las botellas desechables de agua porque ese plástico no tiene la calidad para ser reutilizado.

20

¿QUÉ DEBO ESPERAR DEL PRIMER ENCUENTRO CON MI BEBÉ?

Los primeros instantes, únicos e increíblemente intensos, de encuentro y contacto entre tu recién nacido y tú —y su padre, si está ahí— son muy valiosos, porque contribuyen a crear los lazos amorosos que los unirán por siempre. Para tu bebé implicará reconocer tu calor, tu olor, los latidos de tu corazón, tu voz y tu regazo, que ahora será su lugar predilecto y donde se sentirá más seguro. Y para ti, nueva mamá, todo es válido y posible. Tu primera reacción podría estar cargada de una alegría y una emoción indecibles, de las más grandes que se pueden experimentar, pero también de cansancio o algún tipo de confusión por el agotamiento o la anestesia —si te pusieron—, y de extrañeza por ver a un bebé muy distinto del que tal vez imaginabas, acaso de otro género al que habías previsto, con la piel un poco arrugada, un poco morada, cubierta por una sustancia blanquecina (vérnix), con lanugo (vello), y además con la cabeza en forma de huevo y la cara enrojecida si nació en parto. Las impresiones encontradas son muy normales en un momento así, pero seguramente pronto lo verás como el bebé más hermoso del mundo.

Considérate muy afortunada si puedes vivir ese momento único en tus cinco sentidos, o casi, y darte cuenta tanto como puedas de lo que sucede a tu alrededor: su salida de tu cuerpo, la primera respiración y el primer grito o sollozo de tu bebé, el corte y ligadura del cordón umbilical (que ojalá pudiera hacerlo el papá), que generará el establecimiento de su circulación corazón-pulmones; después, y si todo va bien, ese primer contacto entre ustedes, en el que tu bebé podría incluso abrir sus ojos por primera vez, en dirección a ti o a su padre; su mirada profunda e indescifrable, su olor y su primer acercamiento a tu pecho.

Después, probablemente mientras sale tu placenta, vendrán los primeros cuidados médicos, indispensables para la comodidad y la seguridad de tu bebé: limpieza de nariz y faringe, una pequeña sonda aspiradora, gotas de colirio para desinfectar los ojos, vitamina K para evitar riesgos de hemorragia, pesarlo y medirlo. Y finalmente la prueba de Apgar, así llamada en honor de la anestesióloga estadounidense que ideó el método: un *test* que permite apreciar la adaptación del recién nacido a su nuevo ambiente durante los primeros minutos de su nacimiento, tomando en cuenta su frecuencia cardiaca, sus movimientos respiratorios, su tono muscular, su respuesta a estímulos externos y la coloración de su piel. Después podrás tenerlo contigo nuevamente.

Terminada la sesión del parto o cesárea bañarán a tu bebé, y luego de algunas horas, mientras tú descansas, el pediatra le hará un examen completo en el que lo revisará de pies a cabeza y le hará algunas pruebas neurológicas en relación con su tono activo y su tono pasivo, así como sus reflejos primarios: el de succión, el de tragar y el perioral (que le permitirán alimentarse y orientar su boca en búsqueda del seno materno), el de prensión (gracias al cual se sujetará muy fuertemente de aquello que se le coloque en las palmas de sus manos), el del Moro (que lo hace estirar brazos y dedos, y luego contraerlos, si se siente asustado o sobresaltado), el de gateo y el de la marcha automática (por el cual mueve sus piernas como poniéndose a gatear o en marcha, según se le coloque boca abajo o en posición vertical, respectivamente, sobre una superficie plana).

Desde que nace, tu bebé es sensible a la voz, al contacto, la mirada y las caricias de quienes lo rodean, especialmente a las tuyas y a las voces que conoce desde que estaba en tu vientre. Sobra decirte que tu afecto y cercanía en esos momentos serán fundamentales. Mientras estés en el hospital, pide a tu médico que te dejen estar con tu bebé el mayor tiempo posible. Aprovecha también para descansar y que te consientan mucho.

21

¿QUÉ PASA SI MI BEBÉ LLEGA DEMASIADO PRONTO, DEMASIADO PEQUEÑO O CON ALGUNA DISCAPACIDAD?

El nacimiento de tu hijo puede convertirse en un momento muy difícil si nace prematuro, enfermo y/o con alguna discapacidad. En estos casos, nada será como estaba previsto y lo más duro vendrá si debe ser separado de ti. Si es así, lo mejor para hacer menos difícil la situación será contar con un equipo médico que te ofrezca explicaciones honestas, claras y precisas sobre lo que está sucediendo.

Un bebé se considera prematuro si nace antes de la semana 37, cuando sus funciones esenciales no han alcanzado la madurez. Si nace entre la semana 34 y la 37, pesa más de 2.5 kilos y no presenta ningún riesgo especial, lo mejor sería que tu servicio médico te permitiera mantener al bebé cerca de ti, evidentemente bajo una estrecha vigilancia. Entonces podrías empezar a amamantarlo y estimular su desarrollo físico y afectivo prácticamente sin rupturas.

Pero si nace antes de la semana 37, pesa menos de 2.5 kilos, tuvo condiciones difíciles de parto, complicaciones para respirar por sí solo o para alimentarse, o bien alguna infección o desorden de salud, entonces lo más recomendable será hospitalizarlo en un servicio de neonatología y ponerlo en una incubadora, sea por unas horas o durante varios días o semanas, dependiendo de cómo lo juzgue el médico. En la incubadora tendrá las mejores condiciones higiénicas, una temperatura y humedad constantes, y aparatos que lo ayudarán a respirar y a alimentarse. La mayor parte de las veces todo marcha bien y el bebé pronto alcanza la autonomía funcional y el peso necesarios, y puede ir a casa sin mayores consecuencias. En estos casos la frecuencia de tus visitas a la incubadora, tu cercanía y la de su padre serán fundamentales, porque si el bebé se ve estimulado afectivamente podrá desarrollarse mejor. Háblale, ponle música y tócalo tanto como te sea permitido. En la actualidad, muchos bebés muy prematuros sobreviven y algunos meses o años más tarde regularizan su actividad sin mayores consecuencias.

Por otro lado, puede ocurrir que a raíz de lo mismo, o independientemente de eso, tu bebé padezca alguna deficiencia motora, neurológica o sensorial. En estos casos, la vigilancia cercana y regular será más importante que nunca, pues será necesario detectar lo antes posible la causa para iniciar con los tratamientos adecuados y brindar al bebé las máximas oportunidades para su desarrollo.

Los médicos no podrán evitar el impacto y el sufri-
miento que vivirán tu pareja y tú ante la necesidad de separarse de su bebé por las necesidades de su cuerpo prematuro, o bien, por el descubrimiento de algún problema
de salud o discapacidad en él, pero sí pueden ayudarlos a
comprender lo que ocurre y aconsejarlos sobre cómo proceder. Por tu parte, habrás de iniciar un camino que no era
el soñado, pero es el que es. Así que empieza por aceptar la
realidad, hazte fuerte y confía en la enorme capacidad de
recuperación y/o adaptación que de hecho tendrá tu bebé.
A partir de este momento busca todas las respuestas que
encuentres para su caso específico, no ceses de considerar
diferentes puntos de vista y opciones diversas para favorecer
su desarrollo en todos los sentidos, y haz lo que esté en tus
manos para fortalecer tu vínculo amoroso con él y el de
quienes conformarán su entorno familiar inmediato.

22

¿ES NORMAL EL ASPECTO DE MI BEBÉ?

Si tu bebé tuvo un nacimiento normal y tu médico te ha dicho que todo está bien, pero tú lo ves raro o inquietante, considera comunes las siguientes características:

- Los bebés nacen con la piel recubierta de una sustancia blanquecina y grasosa llamada *vérnix caseosa,* especialmente abundante en los pliegues cutáneos, que desaparece en un día o durante el primer baño del bebé. Ya sin vérnix, su piel se verá suave y lisa, pálida en la parte inferior del cuerpo y algo enrojecida en la parte superior, debido a la inmadurez de su circulación sanguínea.
- Las manos y los pies podrán permanecer morados y arrugados por más tiempo, debido a su larga permanencia en el líquido amniótico, e incluso durante varios días después del nacimiento tenderán a descarapelarse. Si te inquieta, puedes atenuarlo con un poco de aceite de almendras dulces.
- Muchas veces el cuerpo del bebé puede estar recubierto

también por una vellosidad llamada *lanugo,* más densa en hombros, espalda, brazos, piernas y parte de la cara. Este vello se desprenderá en las primeras semanas.

- La nariz y el mentón podrían estar recubiertos de *milium*, granitos blancos formados por acumulaciones sebáceas que desaparecen también por sí solos en unas semanas.

- Si ya lo estás amamantando, puede presentar granitos rojos en algunas partes de la cara como resultado del nuevo intercambio hormonal contigo, a través de la leche.

- El recién nacido también puede presentar *eritema tóxico,* pequeños puntos blancos sobre una base rojiza, que constituyen una erupción benigna que desaparece en pocos días. El pediatra sabrá reconocer otros tipos de erupciones de origen infeccioso que, dado el caso, habría que tratar.

- También son muy comunes los *hemangiomas,* manchas rojizas, de origen vascular, que pueden ser planas o estar en relieve. Los primeros, ubicados en diversos puntos de la cara, suelen borrarse en unos pocos meses y sólo en algunos casos excepcionales permanecen para toda la vida. Los segundos pueden llegar a aumentar su tamaño durante los primeros meses y luego desaparecer hacia los tres años de vida. También puede aparecer un *hemangioma* azulado en la parte baja de la espalda, que igualmente desaparece después de unos meses.

- Por lo que toca a la cabeza, ésta es siempre voluminosa respecto al resto del cuerpo. Los huesos del cráneo son muy maleables, por lo que después de un parto podrán deformarse ligeramente, adquiriendo incluso proporciones asimétricas debido a los esfuerzos para atravesar el canal del parto. Pero en pocos días o semanas encuentran su posición normal. Esto no sucede en las cesáreas.

- La cara y los ojos de tu bebé también podrían estar hinchados tras el parto, pero eso desaparece en un par de días. Todos los bebés nacen con los ojos azulados porque la pigmentación no se ha desarrollado completamente, lo cual terminará de ocurrir hasta los seis meses, más o menos. Hasta entonces se definirá el color definitivo de sus ojos.

- No es normal si tu hijo presenta secreción en los ojos. Pero sí lo es que no tenga lágrimas al llorar hasta los cinco meses, aproximadamente.

- Durante las primeras cuatro a seis semanas también serán normales pequeños ronquidos, estornudos o toses, debidos a una leve congestión nasal.

- Un aspecto que podría resultar inesperado es que tu bebé tenga los pechos hinchados. No te alarmes: se debe al intercambio hormonal que tenía contigo mientras estaba en tu vientre. No los toques, la hinchazón desaparecerá en pocos días y sólo debe preocuparte si parece que se forma un absceso.
- También los genitales pueden estar hinchados. Cuestiones hormonales podrían causar incluso una secreción clara en las niñas y hasta un muy leve sangrado.
- Otra cosa que podría causarte extrañeza es que tu bebé no se parezca en nada a ti, a tu pareja o a sus parientes. De recién nacidos los bebés no suelen parecerse claramente a nadie, y en caso de que sí, ten la certeza de que se transformará en las siguientes semanas.
- Por último, y en relación con su tamaño, cabe mencionar que el promedio en el peso de nacimiento de un bebé oscila alrededor de los 3.3 kilos (con una gran variabilidad que puede incluir, en rangos normales, bebés de 2.5 kilos hasta 3.5 o 4 kilos); su talla, cuya media es más estable, oscilará entre los 48 y los 52 centímetros, y su longitud de cabeza será de unos 35 centímetros más o menos. Pero hay que insistir en que se trata de valores promedio, sin incidencia en su desarrollo futuro. Por otro lado, es normal que du-

rante los primeros cinco a siete días de nacido pierda hasta una décima parte de su peso, pero a partir de entonces empezará a recuperarlo. Lo anterior se debe a la eliminación del exceso de líquidos en su cuerpo y al gran aumento en su necesidad energética.

- De todas formas, no está de más asegurarte de que todos los estudios necesarios sean realizados en el momento indicado.

23

¿POR QUÉ ES TAN IMPORTANTE ESTA ETAPA
PARA SU DESARROLLO FUTURO?

Ya analizamos a tu recién nacido por fuera; pero ¿qué pasa dentro de él? ¿Por qué es tan importante esta etapa en su desarrollo futuro? En su libro *Tócame, mamá,* Elvira Porres hace una descripción muy cercana de lo que ocurre dentro de un recién nacido, más o menos como sigue:

Tu bebé llega al mundo con un gran patrimonio genético, tras un largo periodo de gestación intrauterina y a través de un nacimiento biológico que activa su funcionamiento físico autónomo. Su apariencia exterior es la de un ser independiente capaz de crecer, pero viene en un estado psíquico de indiferenciación total, sin conciencia y carente de cualquier función psicológica, por lo que es, en realidad, totalmente dependiente. No sabe que tiene un cuerpo, ni que sus piernas o sus brazos son suyos. No sabe moverse a voluntad ni comprende la información que le llega a través de los sentidos. Su mecanismo muscular es mínimo, apto para realizar sólo actos reflejos y mantener el funcionamiento de sus órganos. Sus ojos apenas empiezan a descubrir el mundo, y su sistema nervioso central está en su mayor parte inactivo.

Como no tiene una imagen del mundo, los estímulos que chocan con su aparato sensorial carecen de significado para él, por lo que, empezando de cero y muy poco a poco, tendrá que construir él mismo esos significados y esa imagen coherente del mundo, que después se volverá la base y la referencia para analizar y comprender cada nueva experiencia de su vida. No obstante, y debido en gran parte a su inmadurez, al principio tendrá una alta barrera protectora contra cualquier estímulo, misma que lo mantendrá alejado de lo que sucede a su alrededor y en una tendencia a permanecer en un estado de ensimismamiento profundo.

Al mismo tiempo, y por estar en esta etapa tan inmadura de su desarrollo, su sistema neuronal será sorprendentemente flexible e influenciable. De esta forma, si bien los genes constituyen órdenes o direcciones preferenciales de desarrollo, será la información sensorial que venga del exterior —y no un determinismo genético— la que se volverá definitiva (constitutiva, incluso) para la estructuración material y funcional del cerebro del bebé. Esta información, que no es otra cosa que el cúmulo de sus primeras experiencias, no la puede elegir tu hijo porque su cerebro es tan inmaduro que no tiene capacidad selectiva o discriminatoria alguna, así que estará dada por las circunstancias que lo rodean. De manera que son los padres quienes, en todo caso, pueden ofrecerle a su bebé el marco social y emocional adecuado en este estado tan decisivo de su desarrollo, como material para la construcción de eso que será la base de su desarrollo cerebral y psíquico en el futuro.

Es por ello que los neurofisiólogos, los psicólogos y los cognitivistas conceden tanta importancia actualmente (y desde hace ya más de un siglo) a lo que sucede en esta etapa tan temprana del desarrollo de la persona, y todos coinciden en afirmar la inmadurez con que nace el cerebro del ser humano.

Volviendo a tu bebé, su vida intrauterina había constituido para él una experiencia altamente placentera. Sumergido ahí en el líquido amniótico, sometido a presión y temperatura constantes y perfectas, tenía resueltas todas sus necesidades sin tensión ni esfuerzo, en un estado de felicidad suprema, aunque inconsciente. Al dejar ese estado, tu bebé no sólo carece de estructura psíquica, sino también de límites somáticos, y es incapaz de distinguir su yo del no yo. Su barrera frente a los estímulos externos empieza siendo muy alta, pero poco a poco, conforme lo asalta la necesidad, se rompe y el bebé reacciona con violencia o desagrado ante esa necesidad (hambre, sueño, susto o ruptura abrupta de su estabilidad, o cualquier demanda que tenga). Entonces tiene que irse abriendo al mundo, desplazando su centro de interés originalmente ubicado en su inmediatez (su yo) hacia la periferia: eso allá afuera, de lo cual depende su satisfacción (lo otro, tú, el mundo).

Es entonces cuando algo exterior a él, que Porres llama "placenta externa" (tú, básicamente, o quien esté ahí para cuidarlo), puede ayudarle a resolver esas necesidades y a salir de su tendencia a la regresión vegetativa —tendencia a permanecer en ese estado ilusoriamente autosuficiente que conoció en el útero—, despertando su deseo y su interés en la alteridad, principalmente gracias a toda una serie de estímulos sensoriales y a la comunicación cuerpo a cuerpo que establecerá contigo. Y de esta forma tu bebé, que psíquicamente empieza a nacer, puede sentirse venturosamente acogido por esa "placenta externa", acumulando como experiencia primigenia de vida un sentimiento gratificante de confianza hacia el universo (la confianza básica) y la certeza de que sus experiencias futuras podrán seguir discurriendo de esta forma.

Cuando un recién nacido no es recibido así por alguien, queda condenado a la ansiedad y a la búsqueda de algo confuso, sin nombre y sin forma para él, que lo llevará, tarde o temprano, a establecer un refugio ideal dentro de sí mismo, muy difícil de romper y fuente de muchas posibles patologías.

Y es así como, en estas primeras experiencias constitutivas del bebé, se fragua la ulterior relación de él mismo con su madre y con el mundo exterior, quedando en las manos de esa mamá o de cualquier persona que esté ahí para cuidarlo, la gran tarea de construir su confianza básica.

24

¿CÓMO DEBO CUIDARLO?

Procúrale un ambiente tranquilo y afectuoso. Durante tu estancia en el hospital, y también cuando lleguen a tu casa, lo mejor para él será estar cerca de ti el mayor tiempo posible y en un ambiente tranquilo. En estos primeros días convendrá que sólo lo cargues tú y las personas más cercanas. Evita demasiada gente y contacto físico con quien viene de la calle. En el cuarto de un recién nacido no debe haber más de cuatro o cinco personas, y quien quiera tocarlo deberá lavarse las manos. Pide a las visitas que vengan más adelante, diferidas, y/o que ayuden con cualquier pendiente que tengas. En general, atiende las necesidades básicas de tu bebé con cuidado y ternura, fomentando mucho el contacto y la cercanía entre ambos.

Dale de comer todo lo que necesite. Un bebé recién nacido no conoce el hambre y le causará un gran desconcierto cada vez que se presente; es una sensación desagradable y nueva que lo asaltará con urgencia. Su único recurso para manifestarlo será la inquietud y el llanto. Lo mejor para devolverle su tranquilidad es cargarlo cerca de tu pecho y del latido de tu corazón, pues le hará recordar la tranquilidad de tu vientre y lo hará sentir protegido.

Si vas a amamantar a tu bebé, que sin duda es lo mejor, ofrécele tu pecho a "libre demanda", lo cual significa: cada vez que te lo pida y cada tres horas como máximo, contadas a partir de que haya empezado su última toma. Para una buena lactancia, lo mejor es pegarlo a tu pecho en cuanto acaba de nacer para que ponga en marcha su reflejo de succión y para que reconozca tu olor, tus brazos y tu voz. A partir de ese momento, pégatelo siempre que lo necesite.

Si has optado por la leche de fórmula, entonces dásela cada dos o tres horas máximo, o según te lo haya sugerido tu médico, siempre cargándolo muy cerca de ti. La alimentación constituye uno de los momentos de mayor intimidad con tu bebé y no tiene por qué dejar de serlo si no lo estás amamantando; foméntala.

Es muy importante que no dejes pasar más de tres horas sin darle de comer (o hasta cuatro, si es de noche), incluso si está tranquilo, porque necesita alimentarse de manera continua para seguir su acelerado ritmo de crecimiento. Recuerda que en tu vientre recibía alimento de modo permanente y a su organismo le tomará varias semanas o meses espaciar más sus horarios de comida.

Déjalo dormir. Por lo general, los bebés recién nacidos no tienen problemas de sueño: duermen cuando están cansados y se despiertan cuando ya durmieron lo suficiente. Si han comido bien y están cómodos, dormirán por sí solos todo lo que necesiten. En promedio son unas 16 a 18 horas, pero cada bebé requerirá dormir un tiempo diferente, dependiendo de su propio organismo. Es normal que unos sean más dormilones y otros estén más despiertos desde el principio.

Ahora bien, aunque nunca volverán a dormir tanto como en esta etapa, también es ésta la edad en la que más necesitan comer, y por eso sus periodos de sueño no pueden ser tan largos. Míralo así: su ritmo de crecimiento es muy alto, su estómago es muy pequeño, su dieta es líquida y la digestión es muy rápida, especialmente si se alimentan de leche materna. Así, por más que su necesidad de sueño sea muy alta, generalmente se recomienda no dejarlos dormir más de tres horas seguidas, o cuatro por la noche. Por lo demás esto, que suele ser muy pesado para los padres, para ellos no significa ningún problema. De cualquier forma, cada bebé es diferente, y si el tuyo tiende a dormir más horas seguidas, deberás consultar con tu médico si conviene despertarlo o no, a lo que él responderá dependiendo del tamaño, salud y otros aspectos de tu bebé. Por otro lado, si constantemente llora mucho o le cuesta trabajo conciliar el sueño, también deberás consultar a tu pediatra, pues quizás algo relacionado con su alimentación no esté funcionando adecuadamente o tenga algún problema de salud.

No lo dejes llorar solo. Por ningún motivo dejes llorar solo a tu bebé. Se ha comprobado que esto, lejos de ayudarlo a calmarse, le genera más ansiedad. Mientras menos ansiedad padezca en sus primeras semanas, más fácil le será mantenerse calmado y confiado en el futuro. Recuerda que en esta etapa estarás construyendo la confianza básica. El primer motivo de llanto en los recién nacidos suele ser el hambre, pero también puede ser el sueño, el frío o el calor, un aire atorado, un cólico, incomodidad por tener mojado el pañal, necesidad de cambiar de posición o cualquier otra molestia. Pero incluso si tus brazos o ningún remedio parecen calmar el llanto de tu bebé —generalmente sucede así con los cólicos—, lo mejor será guardar calma y mantenerlo cerca de ti tratando de tranquilizarlo, pues aunque se sienta muy mal se sabrá acompañado y, una vez pasado el percance (ten la seguridad de que pasará), agradecerá que hayas estado ahí. Por otro lado, nunca agites a tu bebé en la desesperación de no poderlo calmar, o como juego. Le puedes hacer mucho daño.

25

¿QUÉ OTRAS CUESTIONES PRÁCTICAS
ES NECESARIO SABER SOBRE UN RECIÉN NACIDO?

Detenle la cabeza al cargarlo y bañarlo. Tu bebé podrá detener solo su cabeza hasta que tenga dos o tres meses. Mientras deberás detenérsela; de lo contrario, se irá por su propio peso y podría lastimarse o tener dificultades para respirar. Acostúmbrate a cargarlo de ambos lados, por el bien de tu espalda y también para que practique los giros de cabeza en todas direcciones.

Sácale el aire. Después de cada comida, y especialmente si lo alimentas con biberón, es importante colocarlo en posición vertical, apoyado en tu hombro ligeramente hacia adelante, y darle palmadas suaves en la espalda. Si tiene algún aire atorado lo sacará y evitarás molestias posteriores. Será normal que al hacerlo, o incluso si no era tu intención sacarle el aire, devuelva un poco de leche. Esto es porque los bebés suelen llenarse más de la cuenta al comer, ya que no saben reconocer su propio límite.

Cuida su ombligo. Mientras tenga su ombligo con la pinza, no deberás mojar esa zona para nada, pues haría más lento el proceso de cicatrización. También deberás evitar que el pañal cubra el cordón, doblándolo hacia abajo si es necesario; de lo contrario, podrías lastimarlo. Todos los días, preferentemente después del baño, deberás ponerle alcohol o mertiolate para evitar que se infecte. Lo normal es que de 5 a 10 días se le caiga sola la pinza. Cuando esto suceda, será normal si le salen unas gotitas de sangre. Después podrás mojarlo completamente. Si el ombligo sangra más, supura o le duele, si huele mal o hay enrojecimiento en la piel que lo rodea, comunícate con tu pediatra pues podría haber una infección.

Baños de sol. Durante el primer mes, colócalo de 5 a 10 minutos en exposición directa al sol, para ayudarlo en el proceso de maduración del hígado. Debido a su inmadurez, éste no será capaz todavía de eliminar del todo la bilirrubina, un pigmento amarillo que se difunde por la sangre tiñendo la piel y los ojos, y podría presentar algún grado de ictericia. Para evitar que el nivel de bilirrubina suba demasiado hay que exponer al bebé a los rayos del sol (o, en su defecto, a fototerapia). Esto permitirá que la ictericia desaparezca en una o dos semanas sin complicaciones posteriores.

Córtale las uñas. Casi siempre nacen con las uñas largas y en general habrá que cortarlas cada cuatro días, en promedio, para evitar que se rasguñe la cara. Lo mejor es hacerlo con una lima suave o con un cortaúñas y frente a la ventana para ver muy bien y no lastimarlo.

Temperatura. Es normal que te preguntes si tu bebé estará bien templado, si tendrá frío o calor. Lo mejor es el sentido común; no lo arropes demasiado: cuanto más ligero pueda estar sin que le dé frío, mejor. Por otro lado, hay que recordar que de recién nacidos les es más difícil autorregular su temperatura, por lo que se deben evitar cambios abruptos de clima y corrientes de aire. La mejor referencia es la nuca. Las manos o pies no, porque pueden estar a una temperatura diferente del resto del cuerpo. Por cierto, el hipo no es señal de frío; más bien son contracciones repentinas e irregulares del diafragma, como signo de que todos los músculos de la zona se están fortaleciendo e intentando trabajar en armonía.

Fontanelas. Son las membranas cartilaginosas que separan los huesos del cráneo que todavía no se han soldado. Una se encuentra en la parte posterior del mismo y no siempre es palpable; la otra, más visible, está en la parte alta de la cabeza (la mollera) y su tamaño es variable. En realidad, no hay mucho que hacer en relación con ellas, más que evitar cualquier presión fuerte en esa zona. Laten o se tensan si el bebé llora, pero son más resistentes de lo que parece y se osifican entre los 6 y los 24 meses.

Meconio y primeras evacuaciones. A menos que tu bebé ya haya expulsado el meconio en algún momento cercano al parto, lo más común es que durante los primeros dos días sus evacuaciones sean de color verde oscuro o negruzco y de consistencia pegajosa. Se trata justamente del meconio, una sustancia compuesta de mucosidad y secreciones estomacales que se forma durante el periodo fetal y reviste el intestino del recién nacido. Una vez eliminado, las evacuaciones empezarán a ser de color amarillo mostaza, si toma leche materna, o un poco verde claro, si toma leche de fórmula. Su frecuencia será variable; lo importante es que le cambies el pañal cada vez que suceda para evitar rozaduras. Más adelante hay otras preguntas relacionadas con el cambio de pañal y con la higiene de tu bebé en general.

26

¿POR QUÉ ES TAN IMPORTANTE
LA LACTANCIA MATERNA?

La lactancia es el recurso más natural y benéfico que una madre puede emplear para alimentar a su hijo. Ningún otro alimento ha sido sometido a prueba por tanto tiempo como la leche del ser humano, ni puede superarla en el cumplimiento de tantas funciones importantes a la vez. Es por ello que, sobre todo a partir de finales del siglo XX, empezó a promoverse de manera activa en casi todos los programas de salud materna e infantil del mundo, incluyendo los de algunos organismos internacionales como la OMS o la UNICEF, coincidiendo los expertos de diferentes países en que la lactancia es la mejor manera de alimentar a los bebés y, por lo tanto, debe practicarse siempre que sea posible.

Aun cuando se trata de un método natural, para poder llevar a cabo la lactancia exitosamente conviene tener a la mano cierta información, estímulo y algunos conocimientos prácticos. Mira primero los beneficios que tiene en tu bebé:

El calostro. Antes de la bajada de la leche propiamente dicha, y durante las primeras 72 horas posteriores al nacimiento de tu bebé, tus pechos producirán una sustancia llamada calostro que, además de alimentarlo, lo proveerá de anticuerpos contra infecciones intestinales y respiratorias y le servirá además como purgante para eliminar el meconio. Todos los bebés reciben anticuerpos de su madre durante el embarazo a través del cordón umbilical, pero aquellos que reciben después de nacidos con el calostro, y más adelante con la leche, marcan una diferencia muy significativa en la formación de su sistema inmunológico.

Nutre. La leche materna contiene un alto valor nutricional y es suficiente para alimentar a un bebé durante sus primeros seis meses de vida, sin necesidad de ser complementada con nada más. Rica en proteínas, carbohidratos, minerales, vitaminas y grasas, la leche materna aporta al bebé todos los nutrientes que necesita y favorece el desarrollo de su cerebro y de su sistema nervioso, incluso si su madre no está bien alimentada (sólo un estado de extrema desnutrición podría limitar su calidad). Lo único que la leche materna no provee al bebé es flúor, que algunos pediatras recomiendan dar en forma de suplementos cuando llega la etapa de la dentición (consulta a tu médico), y vitamina D, cuya fuente natural está en la luz solar.

Es muy digerible.   La leche materna es digerida y asimilada por el bebé de manera muy completa y eficaz, mucho más que cualquier otro alimento que se le pueda ofrecer. Con ella, es muy poco común que los bebés sufran estreñimiento.

Hidrata.   También le procura al bebé la hidratación necesaria y, mientras no coma también alimentos sólidos (hacia los seis meses), no hará falta darle agua ni ningún líquido adicional. De hecho, está contraindicado.

Aporta anticuerpos.   Además de nutrientes, la leche materna tiene una gran cantidad de anticuerpos (células vivas). Por eso, los bebés que toman pecho son menos propensos a enfermedades que los demás.

Previene la obesidad.   La lactancia permite al bebé alcanzar su peso ideal sin rebasarlo, y lo previene contra futuras tendencias a la obesidad. Independientemente de que su complexión sea más delgada o más gruesa, si tu bebé toma leche materna tendrá el peso adecuado para su cuerpo.

Previene alergias.   Una lactancia de al menos 12 meses, llevada a cabo con una dieta adecuada en la madre, previene en alto grado el desarrollo de alergias, asma e infecciones en el bebé.

Favorece el desarrollo de mandíbula y dentadura.   El movimiento de succión del bebé involucra una enorme cantidad de músculos. Sobre todo si su lactancia se prolonga por un año o más, el desarrollo de sus mandíbulas y de su estructura facial se verá enormemente favorecido y se evitarán problemas maxilares futuros. También la dentadura se ve beneficiada.

Regula la respiración. Cuando los bebés son muy pequeños, la cercanía con el seno materno y el latido de su corazón es un estímulo muy importante para regular su propia respiración y mantenerse vivos.

Asegura una mejor salud en el futuro. De acuerdo con la oms, la lactancia contribuye a la salud de los bebés de por vida. Adultos que fueron amamantados tienen menores niveles de presión sanguínea y colesterol, además de menores índices de obesidad y diabetes tipo 2. También se ha probado que la lactancia contribuye a un mejor desarrollo de la inteligencia, la visión y las habilidades motrices.

Los calma. Independientemente de si tiene hambre o no, en los momentos de ansiedad, miedo o enojo, el acto de mamar es el mejor consuelo para un bebé (por lo demás, inmemorial).

Fomenta el vínculo amoroso. Finalmente, si tu bebé se alimenta de tu pecho establecerá contigo una comunicación corporal y sensorial muy fuerte que servirá como base para la formación del vínculo amoroso entre ustedes, sustancial en la formación de su yo, de su apego a ti y de su ulterior capacidad de amar. Este vínculo también puede formarse con igual fuerza si tu bebé no toma pecho, siempre y cuando haya una relación muy estrecha y de mucho contacto entre ambos.

27

¿QUÉ BENEFICIOS ME TRAERÁ AMAMANTAR?

Hay un ciclo natural en la secuencia reproductiva de tu cuerpo que incluye el embarazo, el parto y la lactancia. Un seno que produce leche cumple este ciclo y revitaliza las funciones más básicas y antiguas del cuerpo femenino, con varios beneficios para la salud, además de recompensas para la vinculación con el bebé y para la vida práctica. Entre ellos:

- Si tu bebé nació en parto, inmediatamente después de haber nacido, y durante el primer contacto entre ustedes, su succión estimulará en tu cuerpo la producción de oxitocina, una hormona que a su vez estimulará las contracciones del útero y la expulsión de la placenta.
- La prolactina y la oxitocina son las hormonas maternas por excelencia, y mientras amamantes a tu bebé las tendrás en un índice muy elevado, lo que dará mayor fuerza a tu instinto materno y te permitirá adaptarte mejor a tu bebé, además de disfrutarlo muy de

cerca. Amamantar reduce enormemente el riesgo de una depresión posparto porque favorece el reajuste hormonal.

- Durante las siguientes horas y días, la succión de tu bebé seguirá contribuyendo a la contracción del útero, lo que ayudará a su pronta recuperación y reducirá el riesgo de hemorragia.

- Como la prolactina modifica la función de tus ovarios e impide la ovulación, es poco probable que quedes embarazada si estás dando pecho. De cualquier manera, no debes considerarlo un método anticonceptivo.

- En la mayoría de los casos, la lactancia también representa el camino natural del cuerpo para volver a su peso original, pues genera cambios en el metabolismo y requiere muchas calorías, lo que permite a las mamás bajar de peso en forma gradual.

- En las regiones del mundo donde amamantar es la costumbre más extendida, el cáncer de mama es poco común, y diversos estudios sobre el tema parecen confirmar que la lactancia está vinculada con ello y que puede ser un factor reductor en las probabilidades de contraer dicha enfermedad. También se ha visto que puede ser un factor protector contra el cáncer de ovarios, infecciones en vías urinarias y osteoporosis.

- Más allá de las complicaciones iniciales o de cualquier eventualidad que pudiera surgir en el camino, la lactancia es la forma más práctica de alimentar a tu bebé porque te evita la constante preparación de la fórmula, y tener que transportar, calentar, manejar, lavar, esterilizar, etcétera, los biberones. Siempre que te sientas cómoda, podrás ofrecer el pecho a tu bebé en cualquier momento y en cualquier lugar, lo que te garantiza que llevas contigo una herramienta altamente efectiva no sólo para alimentarlo, sino también para calmarlo.
- Además de ahorrarte tiempo y energía, la lactancia también es menos costosa en términos económicos.
- Y recuerda: todas las madres están preparadas anatómicamente para dar leche, independientemente del tamaño de sus pechos, y no existe ninguna leche materna que no sea buena para el bebé. La leche es producida en unas glándulas muy profundas, no en el tejido graso, así que no debes preocuparte por el tamaño de tus pechos. En cambio, la cirugía de implantación o la reducción mamaria sí podrían llegar a afectar la capacidad de amamantar, aunque no necesariamente. Consulta a tu médico.

Cifras. Al amamantar a un bebé no es necesario preocuparse por la cantidad de leche que toma, porque siempre
puedes tener la certeza de que tomará lo que necesita y de
que, tome lo que tome, lo aprovechará bien. Pero si tienes
curiosidad de saber cuántos mililitros consume o cuánta
leche produces tú, mira estos cálculos:

- Un recién nacido necesita entre 60 y 100 mililitros de
  leche por cada 500 gramos de peso corporal.
- Un bebé de 3.5 kilogramos de peso, necesita entre 400 y
  650 mililitros de leche al día.
- Para esta cantidad de demanda, cada uno de tus pechos
  produce entre 40 y 60 mililitros de leche en tres horas.
- Tu producción diaria, con un bebé de 3.5 kilos, es de entre 700 y 1 000 mililitros diarios.

28

¿POR QUÉ SON TAN DECISIVOS
LOS PRIMEROS DÍAS DE LA LACTANCIA?

Una de las primeras cosas que debes saber si vas a amamantar, es que los primeros contactos entre tu bebé y tú serán decisivos para el establecimiento de una buena lactancia. Esto debería ocurrir inmediatamente después del nacimiento. Un bebé que aprende a tomar la leche materna en las primeras 48 horas de vida tiene asegurada una buena lactancia. En cambio, si pasa un lapso mayor a este tiempo alimentándose de otra forma, le costará más trabajo aprender, aunque también podría hacerlo.

Así pues, en ese primer encuentro deberás acercar su boca a tu pecho y, en cuanto tu bebé lo sienta, despertará su reflejo perioral y tratará de succionar. Será uno de los momentos más emocionantes de tu vida, aunque probablemente no entenderás muy bien tus sensaciones en esa zona. Pero así es; poco a poco la dinámica de las tomas de leche de tu bebé cobrará familiaridad y sabrás reconocer muy bien si, por ejemplo, tus pechos están llenos de leche o no, y si la sensación de dolor que tienes se debe a eso o a alguna eventualidad.

La importancia de esas primeras tomas radica justamente en que si tu bebé no aprende con claridad cómo pegarse a tu pecho, podría obtener menos leche de la que necesita, aun haciendo mucho esfuerzo, y podría empezar a acumular hambre y cansancio, lo que a su vez se traduciría en debilidad para succionar en el futuro y en una disminución en tu cantidad de leche, debido a que ésta se produce directamente en relación con el estímulo que recibes de tu bebé.

En un momento tan vulnerable como éste, con algún grado de insatisfacción manifiesta en tu bebé, sumado a tu frustración por sentirte adolorida y no tener la certeza de estar alimentándolo bien, más algún comentario clave de alguien cerca de ti, la situación podría inducirte a abandonar la misión. Pero no lo hagas: recuerda todos los beneficios de la lactancia. Muchas madres piensan que no tienen suficiente leche por situaciones como ésta y lo único que hace falta es un poco de paciencia para que el bebé aprenda cómo hacerlo. Algunos succionan de manera correcta desde la primera vez, pero otros necesitan un poco de tiempo para aprender y también es normal.

De hecho, saber distinguir si un bebé está comiendo bien o no, es una de las dudas más frecuentes a la hora de amamantar por primera vez. Si ves a tu bebé dar unos tragos muy grandes y los escuchas, y notas cómo después de unos cinco minutos de entrega desaforada su ritmo de succión baja poco a poco hasta calmarse o dormirse, podrás sentirte tranquila. Normalmente los bebés toman 80 por ciento de la leche en esos primeros cinco minutos, y el resto ya es sólo la prolongación de un estado que les procura una enorme placidez.

Por otro lado, si notas a tu bebé muy intranquilo y no estás segura de que esté comiendo suficiente, pide ayuda a tus asesoras de parto o lactancia, y verifica también con tu pediatra que la causa de su malestar no sea algo diferente. En cualquier caso, es muy importante que, en medio de la duda, si tu intención sigue siendo amamantarlo, no le des leche de fórmula, pues confundiría a tu bebé. Los biberones requieren una succión muy diferente de la de un pecho y mucho menos esfuerzo de parte de tu bebé. Darle leche de esta manera podría provocar que haga menos esfuerzo al pegarse a tu pecho, que poco a poco prefiera el biberón para alimentarse y que tu producción disminuya, lo que afectaría decisivamente el desarrollo de tu lactancia.

Por último, piensa que el proceso de adaptación entre tu bebé y tú para la lactancia requiere de tiempo —hasta un mes, más o menos—, y es muy importante que durante el mismo te mantengas tranquila y segura, porque ante cualquier eventualidad, los nervios, la tensión o la preocupación podrían dificultar más las cosas. A este respecto, si te sientes incómoda, y especialmente si te duelen los pechos, no te presiones por darle de comer a tu bebé enfrente de alguien más. Mientras te adaptes a la lactancia, siéntete con la libertad de pedir a las visitas que te den un momento (que, de hecho, puede ser un rato muy largo), o hazlo en otro cuarto. Particularmente en esta etapa es mejor que lo hagas a solas (o con tu pareja), y que tu bebé y tú se sientan lo más cómodos posible y puedas verificar que todo va bien.

29

¿CÓMO AMAMANTO A MI BEBÉ?

Enfócate en que tu bebé aprenda a succionar adecuadamente desde el principio. Procura que desde el parto mismo, o tan pronto como sea posible, haya alguien cerca de ti que sepa de lactancia; alguien que pueda asesorarte ahí y durante los siguientes días para saber si el bebé y tú lo están haciendo bien.

Básicamente, él tiene que meter toda la areola en su boca, presionar el pezón entre su lengua y su paladar, y comenzar un movimiento rítmico de exprimir y succionar que pondrá a trabajar toda su mandíbula. Te sorprenderá descubrir con cuánta fuerza succiona. Si lo hace bien, hará presión sobre los conductos de leche que están detrás de la areola y obtendrá suficiente líquido. Pero si toma sólo el pezón y no la areola, o si no succiona con suficiente vigor, saldrá poco líquido y no se llenará, además de que habrá más posibilidades de que en unas horas tus pezones empiecen a sentirse adoloridos.

Pon atención en lo siguiente: amamantar no debe ser doloroso. Si hay dolor, debes revisar la técnica que estás utilizando y la posición del pezón en la boca del bebé. Si no lo toma correctamente y no introduce en su boca la mayor cantidad de tejido de la mama, deberás apartarlo con suavidad, metiendo un dedo tuyo entre la comisura de sus encías y abriéndolas con cuidado; luego deberás esperar un momento y repetir la operación procurando que se pegue bien a tu pecho. Poco a poco ambos entenderán cómo hacerlo mejor para que él obtenga más leche y no te lastime.

Es muy importante que estés tranquila. Colócate siempre lo más cómoda que puedas, siéntate con la espalda bien derecha y rodeada de todos los cojines que necesites, o prueba acostada; ponlo cómodo también a él, evita cualquier tensión emocional y concéntrate en el momento. Si abre los ojos, establece contacto visual con él y dile palabras cariñosas. Así, aprenderá a relacionar la paz que siente al tomar pecho con tu voz, tu cara y tu olor, además de que estarán fortaleciendo el vínculo entre ambos, el cual se generó desde que estaba en tu vientre.

Alterna ambos pechos en cada toma para que la producción y vaciado de los mismos ocurra de una manera equilibrada y ninguno de ellos se congestione. Pronto sabrás reconocer cuál está más lleno y conviene ser vaciado primero por él. Mientras tanto, procura darle un rato de cada lado y aprovecha sus pausas para cambiarlo de posición. Al final de cada tetada tómate un tiempo para sacarle el aire a tu bebé. Pero no te obsesiones: no siempre se forman burbujas de aire en su estómago o a veces salen solas un rato más tarde.

Más allá de las descripciones, la verdad es que la mejor manera de aprender a amamantar a un bebé es observando a otras mujeres con bebés de diferentes edades y tamaños, porque esto permite darse cuenta de lo natural y sencillo que puede llegar a ser, además de mostrarte la amplia gama de situaciones y eventualidades que pueden presentarse en el proceso. Acércate a otras mamás de tu confianza, pide consejo también a tus asesoras de parto, lactancia o estimulación temprana, o busca a las mujeres de la Liga de la Leche, con quienes podrás resolver gran parte de tus dudas.

La Liga de la Leche. Es una organización de mujeres que se fundó en la ciudad de Chicago en 1956, con la intención de fomentar la práctica de la lactancia en una época en la que estaba de moda alimentar a los niños con biberón. Poco a poco abrieron fronteras y en la actualidad brindan información y apoyo a mujeres en más de 60 países, constituyendo la organización internacional más importante para el fomento de la lactancia. Actualmente tiene el estatus de un organismo no gubernamental en la Organización de las Naciones Unidas. En México hay varios grupos pertenecientes a esta organización con mujeres que ofrecen ayuda, muchas veces de forma gratuita. Los puedes contactar en: http://www.llli. org/Mexico.html. En esta página también encontrarás foros para manifestar dudas en línea.

30

¿CUÁLES SON LAS DIFICULTADES MÁS COMUNES A LA HORA DE AMAMANTAR Y CÓMO LAS SUPERO?

Muchas mujeres dan el pecho sin ningún problema, pero no deberá sorprenderte si durante la lactancia te topas con algún inconveniente. Los más comunes son:

Pezones adoloridos o agrietados. Por lo general, esto se debe a una inadecuada succión del bebé, sumada al hecho de que algunos pezones son naturalmente menos fuertes que otros. Puedes evitarlo o atenuarlo bastante si tomas en cuenta lo siguiente:

- Verifica la postura de la boca de tu bebé al comer y asegúrate de que lo esté haciendo bien.
- Al desprenderlo de ti, hazlo muy cuidadosamente y evita que jale tu pezón.
- Entre toma y toma mantén secos tus pechos, ventílalos cuando puedas y deja que les dé el sol.
- No laves tus pezones con jabón, pues podría remover

los aceites naturales que los protegen. Lávalos sólo con agua.

- Úntate unas gotitas de vitamina E y/o de alguna otra pomada, como Rescue Cream, de las flores de Bach, o vaselina hipoalergénica. Esto fortalecerá tu piel y te dará un gran alivio. Consulta a tu médico y a tu pediatra.

- Utiliza una tetina de plástico o silicona blanda como escudo para el pezón; éstas se ajustan al pecho y te pueden dar un gran alivio, aunque no siempre los bebés se acomodan a ellas. En caso de que así sea, lávala y esterilízala antes de cada uso. Consulta con tu asesora de lactancia sobre cómo conseguirla.

- Si tus pezones están demasiado sensibles y te duelen incluso los más mínimos roces con cualquier superficie, hay unos escudos especiales que se ponen en el brasier y los aíslan totalmente, hasta de tu propia ropa. Pueden servirte mucho mientras pasan los días más dolorosos. Consulta con tu asesora de lactancia sobre cómo conseguirlos.

- Si llegaras a sangrar, no te preocupes; la herida puede sanar pronto y además a tu bebé no le hará daño. Pero consulta a tu médico o a tu asesora de lactancia para buscar otras formas de atenuar la situación.

El dolor en los pezones puede llegar a ser muy fuerte y sentirse hasta la espalda, pero normalmente disminuye poco a poco una vez que tu bebé aprende a succionar de forma adecuada, y desaparece por completo entre dos y cuatro semanas, en promedio. Mientras tanto, procura no ofrecerle el pecho por lapsos muy largos o, si tus pezones están muy lastimados, considera la opción de sacar algo de tu leche y ofrecérsela con cuchara, gotero o biberón, según te funcione mejor (aunque con el biberón hay que tener cierta reserva, sobre todo cuando el bebé se está adaptando a la lactancia).

Pezones planos. En estos casos será especialmente importante asegurarse de que el bebé adopte la posición correcta para succionar, pues esta característica dificulta un poco más que el bebé se prenda. Un buen recurso para ayudar al bebé a encontrar el pezón es pasar un trapo frío y húmedo por el pezón para que se endurezca justo antes de comenzar cada toma. Si hay mayores dificultades consulta a tu asesora de lactancia.

El bebé se queda dormido a la hora de comer. Cuando tu recién nacido esté cansado o dormido pero llegue su hora de comer, podrás estimular su deseo de tomar leche rozando su boca con tu pezón. Si el bebé voltea la cabeza hacia otro lado, tócale con suavidad la mejilla más cercana a ti y por movimiento reflejo volteará la cabeza. Recuerda que los recién nacidos duermen mucho y los primeros días algunos pueden mostrar poco interés en comer. Pero con que lo hagan unos minutos y estén tranquilos después, no hay problema.

Con el tiempo será normal que tu bebé quiera usar tu pecho de chupón. Ya habrá terminado de comer pero seguirá bien agarrado y se empezará a quedar dormido. Mientras estés cómoda y no te duelan los pechos permíteselo tanto como él quiera, pues lo disfrutará enormemente. Si te duelen o ya se durmió, apártalo con cuidado y acuéstalo.

El bebé se aparta del pecho. Puede deberse a que le esté costando trabajo respirar. Cuida que sus orificios nasales no se bloqueen con tu piel. También puede ser porque esté nervioso o muy inquieto, en cuyo caso conviene esperar un poco e intentarlo nuevamente hasta que se sienta más tranquilo. O quizá no sepa muy bien cómo hacerlo, tal vez porque tomó biberón. En este caso, ten mucha paciencia y evita volver a darle leche de esa forma.

Mordidas del bebé. Tu bebé podría sentir el impulso natural de morderte desde antes de que le salga el primer diente. Cuando lo haga, deberás reaccionar de modo enérgico con una sacudida o alzándole la voz con un claro y firme "no". Tu bebé se sobresaltará y hará la conexión con lo que sucedió. Si se repite, con o sin dientes, reacciona de modo similar que la primera vez y pronto tu bebé aprenderá que no debe hacerlo. Es importante que no te rías pues de lo contrario le estarías mandando un mensaje doble y sería confuso para él. La dentición no es ningún impedimento para seguir amamantando a tu bebé.

31

¿QUÉ OTRAS COMPLICACIONES PUEDO
TENER EN LA LACTANCIA Y QUÉ
SE HACE EN CADA CASO?

Succión débil del bebé. La succión débil ocurre en bebés
recién nacidos y durante sus primeras semanas de vida, generalmente debido a una inadecuada succión durante los
primeros días y a una consecuente pérdida de fuerza. Se
reconoce porque no mueven toda su mandíbula al succionar (lo que se comprueba poniéndoles un dedo en la sien)
y sus tragos no se distinguen con claridad; aun después de
haber comido aparentemente por suficiente tiempo, siguen
inquietos y con hambre y, paralelamente, la mamá puede
tener algún episodio de congestionamiento. Un seguimiento puntual del peso del bebé por semana y, de ser necesario,
por día, puede ser un indicador muy claro de si está subiendo o no lo mínimo necesario para su edad, de acuerdo con
las estadísticas. Cuando varios factores dan prueba de que
un bebé no está comiendo bien, lo primero que se debe
hacer es ver la manera de que recupere su peso. Hacerlo a
través del biberón, incluso con leche materna, puede ser

contraproducente porque no practicaría la succión y la producción de leche materna podría disminuir. Pero si es muy necesario —el pediatra lo dirá— se le puede dar de manera provisional, preferentemente con leche materna y, si no, con fórmula. Superado el momento más urgente, o si es posible desde el principio, la mejor forma de enseñarle a un bebé a succionar correctamente es a través de un relactador o suplementador, el cual permitirá al bebé recuperar peso y fuerza rápidamente, además de que seguirá practicando la succión y estimulando la producción de leche en la mamá. Por lo demás, este método puede llegar a servir incluso para que una mamá no biológica amamante a su hijo adoptivo. Consúltalo con tu asesora de lactancia, tu pediatra o en la Liga de la Leche.

Disminución en la producción de leche. Puede ser consecuencia directa de un susto o una impresión muy fuerte, de la tensión o de que el bebé deje de succionar el pecho de la mamá. Pero recuerda que, incluso si al principio tu bebé no te estimula lo suficiente, tus pechos pueden ser capaces de producir toda la leche necesaria unos días o semanas más adelante, siempre y cuando te empeñes en lograrlo junto con él. Será muy importante que mantengas (o recobres) la calma tanto como puedas y no te angusties. También acuérdate de no enfriar tu espalda, pues podría provocar que se cierren los conductos galactóforos. Toma al menos cuatro litros de agua al día.

Senos inflamados. La congestión e inflamación de los pechos puede deberse a varios motivos. Por ejemplo: que el bebé no tome leche con suficiente fuerza durante los primeros días de la lactancia; que de repente duerma más horas que de costumbre; que la mamá tenga que separarse de él más tiempo del previsto o incluso dejarle de dar leche por completo (por viaje imprevisto, enfermedad o alguna medicación). También puede ocurrir durante el proceso de destete, por dejar de amamantar abruptamente o espaciar las tomas demasiado aprisa. Cuando esto sucede hay dolor y aumento en tu temperatura corporal. En caso de que tus pechos sólo estén muy hinchados de leche, y si nada impide que el bebé tome normalmente, lo mejor es procurar que vuelva a tomar cuanto antes. Pero si por cualquier motivo esto no puede suceder, lo conveniente es que te saques toda la leche que puedas para evitar un congestionamiento mayor y subsecuentes complicaciones. Más adelante se habla de cómo sacarse la leche.

Alta temperatura. Es común que ciertas irregularidades en la lactancia ocasionen aumentos en tu temperatura corporal. Lo mejor para bajarla, sin necesidad de medicamentos, son los baños de agua tibia primero, y poco a poco cada vez más fría. Consulta a tu médico.

Bloqueo de conductos y absceso mamario. Cada pecho está formado por entre 10 y 15 conductos galactóforos que van desde las glándulas productoras de leche hasta el pezón. Uno de estos conductos puede llegar a obstruirse como consecuencia del congestionamiento en alguno de los pechos o por usar un brasier demasiado ajustado. Se reconoce porque el dolor es muy agudo, hay aumento en la temperatura corporal hasta más de 39 °C y porque la piel en esa zona podría presentar un tono rojizo y una textura más dura. También podría aparecer un absceso. La mejor solución es desbloquear ese conducto con un masaje y deshacer el absceso, si lo hubiera; también son buenas las compresas de frío y calor, alternadas, además de darle de comer al bebé con el pecho en cuestión y en diferentes posturas. Si crees que podrías tener este problema, consulta a tu médico o a tu asesora de lactancia de inmediato.

Mastitis. Se origina como consecuencia del bloqueo de un conducto, y por una infección en el mismo. Puede llegar a requerir antibióticos y, en casos graves, intervención quirúrgica. En cualquier caso, se puede seguir amamantando.

Cándida u otros hongos. A veces puede ocurrir que en el pecho de una mamá se genere la presencia de algún tipo de hongos. Se reconocen porque el pezón se pone más rojo a la orilla y un poco más blanco hacia el centro. No es peligroso para el bebé, pero sí puede ser molesto para la mamá. Se presentan con mayor frecuencia en climas húmedos y calientes, en mujeres que tienen candidiasis vaginal, que han tomado anticonceptivos, antibióticos o cuya dieta es alta en carbohidratos blancos (harinas, pastas y azúcares). Si notas algún síntoma extraño consulta a tu médico.

32

¿QUÉ DEBO SABER SI ME QUIERO SACAR LA LECHE?

Hay varias circunstancias que te podrían llevar a sacarte la leche. A grandes rasgos: la imposibilidad de ofrecerle directamente el pecho a tu bebé por un nacimiento prematuro o alguna complicación que haga necesaria su permanencia en el hospital; también por causas de trabajo, por la necesidad de hacer algún viaje sin él, que debas tomar algún medicamento que pudiera pasar a la leche (y para lo cual tendrías que sacártela de manera anticipada), o por alguna enfermedad tuya que te haga preferir no acercarte tanto a tu bebé, o incluso para que tu pareja o alguien más también pueda alimentarlo, por ejemplo, en las noches. En todos estos casos, sacarte la leche es una gran solución que te permite seguir alimentando al bebé con tu leche, pues de manera anticipada puedes formar tu reserva y ocuparla cuando sea necesario. Otra ventaja es que alguien más le puede dar de comer.

Hay varios métodos para extraerse la leche: el manual o a través de succionadores mecánicos o eléctricos. La mejor manera de aprender el método manual es directamente con otra mamá que sepa hacerlo o con alguna asesora de lactancia. Aunque tengas algún sacador de leche siempre es bueno saber hacerlo manualmente también. En cuanto a los succionadores, los más cómodos son los eléctricos, porque son más fáciles de usar; imitan el ciclo de succión natural del bebé y son más efectivos, aunque también más caros. Las bombas manuales pueden ser suficientes y son sencillas de usar.

Ninguno de estos métodos es doloroso; si llegaras a sentir que te lastimas significa que no lo estás haciendo bien. En todos los casos, antes de empezar debes asegurarte de varios detalles:

- Lávate muy bien las manos y elige un lugar limpio para poner todos los materiales necesarios.
- Verifica que todos los recipientes que vayas a ocupar estén bien lavados y esterilizados.
- En caso de usar algún aparato mecánico o eléctrico, asegúrate de leer muy bien las instrucciones y síguelas al pie de la letra.
- Pon especial atención en las instrucciones acerca de tu postura y de la altura a la que debes colocar el recipiente en cuestión, para no lastimar tu espalda.
- Antes de empezar, y durante el tiempo en que te sa-

ques la leche, deberás estar lo más tranquila y cómoda posible.

- Generalmente es de gran utilidad acordarse del bebé e incluso ver una foto suya antes de empezar a hacerlo, pues puede provocar la bajada de tu leche y una sesión más eficiente.
- El calor local también puede estimular la bajada de la leche.
- Trata de sacarte leche de ambos lados y en cantidades lo más similarmente posibles en términos de tiempo y cantidad de leche.
- En promedio, deberás sacarte entre tres y cinco onzas, entre los dos pechos, cada vez.

Cuando hayas terminado de sacarte la leche, asegúrate de guardarla bien tapada en el refrigerador o el congelador. En el primer caso puede durar hasta 48 horas. En el segundo, hasta seis meses, pero para descongelarla necesitas ponerla en un recipiente más grande con agua fría o un poco tibia, o sobre el chorro de la llave de agua a la misma temperatura, pues de lo contrario podría perder sus propiedades. Mientras tu bebé no domine la succión de tu pecho es mejor prescindir de los biberones y darle la leche que te hayas sacado con cuchara o gotero.

33

¿CÓMO PUEDO CUIDAR MI DIETA AL AMAMANTAR?

Tras el nacimiento de tu bebé, justo cuando empiece a terminarse el calostro, todo aquello que comas formará parte de tu leche materna. No será como en el embarazo, cuando todo lo que comías pasaba por un largo proceso que iba desde tu digestión hasta la sangre de tu bebé, a través de la placenta. Ahora los alimentos pasarán directamente a constituir la leche y tu bebé los digerirá por sí solo.

La composición de tu leche variará mucho dependiendo de lo que comas y, dada la inmadurez del sistema digestivo de tu bebé, variará también la forma en que él la reciba. Cada bebé tiene un grado distinto de inmadurez en su sistema digestivo pero, en términos generales, si tu dieta es cuidadosa podrás acompañarlo mejor en su proceso de maduración; en cambio, si comes de todo indiscriminadamente, es muy probable que tu leche le caiga pesada con frecuencia y le cause cólicos, gases, desórdenes digestivos y, a la larga, incluso alergias o asma.

Así pues, será conveniente que cobres conciencia de lo que comes por varios motivos: *1.* para favorecer la maduración de su sistema digestivo de una manera suave para él; *2.* para evitar la formación de alergias en su sistema inmunológico, que también es aún inmaduro; *3.* para facilitar tu vida cotidiana en relación con el ahorro de complicaciones innecesarias en tu bebé; y *4.* también para asegurar un buen nivel nutricional en ti.

En relación con los primeros dos puntos, generalmente los pediatras recomiendan que la mamá coma y tome de todo, siempre que sea sano y con exclusión de irritantes, alimentos muy condimentados y de difícil digestión, comida muy grasosa o muy azucarada, medicamentos y alcohol. La cultura para prevenir las alergias durante la lactancia no está todavía muy extendida. No obstante, si quieres seguir tu dieta de lactancia más a conciencia por el bien de tu bebé, puedes considerar las siguientes sugerencias.

Para favorecer la maduración del sistema digestivo de tu bebé, la primera semana lo mejor es comer la dieta más blanda posible, integrada por frutas como manzana, papaya, pera, ciruelas pasas y pasitas, además de pollo, arroz al vapor, zanahorias, papas y chayotes cocidos, tortilla de maíz y gelatinas caseras. Con esto inaugurarás la lactancia de una forma muy suave y podrás tener la certeza de que, si tu bebé llora, la causa no será algo que tú hayas comido. Recuerda que serán días de conocerse y que te convendrá tener a la mano los mayores elementos posibles para interpretar la situación.

A partir de ese momento, lo mejor es ir aumentando alimentos gradualmente, de acuerdo con la dificultad para ser digeridos. Por ejemplo, para las siguientes tres semanas puedes incluir, en frutas: plátano, zapote, mamey, duraznos, cítricos cocidos; en cereales: avena, cebada, pasta integral; en verduras: espinacas, acelgas, lechuga, betabel, camote, jícama, quelites, quintoniles, apio, nopales, aguacate, alcachofa, huauzontles, verdolagas, germinado de alfalfa, germinado de soya cocido, caldo de lentejas o frijol y tofu (queso de soya); en carnes: res, ternera, pavo y jamón de pavo; y para cocinarlos: caldo de jitomate sin piel y sin semillas, salsa de soya, aceite de oliva, vinagre y hierbas de olor.

Esas primeras semanas será mejor evitar todo aquello que habitualmente resulta difícil de digerir o produzca gases, como la sandía, el melón, el mango, la calabaza, las leguminosas, la coliflor, el brócoli, las coles, el jitomate con cáscara, el ajo y la cebolla cruda. Conviene agregar estos alimentos uno por uno hacia el segundo o tercer mes de tu bebé, esperando cada vez un tiempo prudente para saber cómo los recibe. Se calculan unas seis a ocho horas desde que comes para poder ver los efectos en él. Una vez que hayas probado que determinado alimento le cae bien a tu bebé, puedes incluirlo en tu dieta cotidiana tranquilamente.

Además del cuidado en el aumento paulatino de los alimentos, será importante que evites en la medida de lo posible los alimentos alérgenos mientras estás amamantando. Sobre esto hablaremos en la próxima pregunta. Paralelamente, es importante que todos los días hagas entre cinco y ocho comidas, y tomes al menos cuatro litros de agua simple, para asegurar una buena producción de leche y que no te quedes con hambre.

Seguir una dieta de lactancia a conciencia no es sencillo porque implica algunos sacrificios cotidianos para la mamá. Pero puedes verlo como una inversión en la salud de tu hijo que, tanto en el presente como a la larga, lo beneficiará mucho.[1]

---

[1] La exposición de los motivos para seguir esta dieta de lactancia, así como una propuesta más detallada de la misma, han sido desarrolladas por la doctora Ángeles Guerrero y la psicoterapeuta Patricia Estrada, en la ciudad de México, tras muchos años de experiencia con madres lactantes y sus hijos. Si tienes dudas puedes contactarlas en: DraGuerrero@aol.com.

34

¿CÓMO PUEDO EVITAR LA FORMACIÓN
DE ALERGIAS EN MI BEBÉ?

En los últimos años los índices de alergias en niños han aumentado considerablemente. De acuerdo con la OMS, en Europa, por ejemplo, ocho por ciento de los niños las padecen. Esto se ha explicado en gran medida por las modificaciones recientes del estilo de vida en muchos países, las cuales se han visto reflejadas en una escasa o nula lactancia y en la temprana diversificación de la dieta de los bebés, con una consecuente exposición de los mismos a sustancias que su sistema inmunológico no está listo para enfrentar. Se trata de sustancias "alérgenas", en cuya composición hay partículas complejas, difíciles de descomponer y frente a las cuales el sistema se predispone, pudiendo llegar a desatar alergias propiamente dichas, a corto, mediano o largo plazo. Algunas hipótesis aseguran que la industrialización también ha generado un aumento de las alergias y la intolerancia a ciertos alimentos debido a los aditivos que tienen y a los procedimientos con que están elaborados.

Una alergia es una reacción anormal, inadaptada y exagerada del sistema inmune ante sustancias que comúnmente son bien toleradas por el resto de la gente. Sus manifestaciones pueden ser gastrointestinales, respiratorias o cutáneas, y son perjudiciales para el organismo, pudiendo llegar a ser fatales. Una vez desarrollada una alergia es muy difícil revertirla, de manera que sus efectos sólo pueden prevenirse evitando completamente el consumo de aquellas sustancias que las generan.

Ahora bien, es difícil evitar que los alérgenos que están en el aire o el polvo, como los ácaros o el polen, lleguen a nuestro bebé. Pero en cambio sí podemos tener un control sobre los que podrían llegar a él a través de los alimentos. Si en tu familia hay antecedentes de alergias, asma o excema atópico, o si te interesa extremar precauciones, toma en cuenta la lista de los alimentos alérgenos más comunes: la leche de vaca y sus derivados, el huevo (principalmente la yema), las oleaginosas (nueces, cacahuates, almendras y avellanas), los cítricos (naranja, limón, mandarina y toronja, pero también piña, ciruelas, guayabas, uvas y kiwis), fresas y moras, chocolate, mariscos, pescado, carne de cerdo, chícharos, colorantes artificiales, miel de abeja y gluten de trigo.

Estamos hablando de que lo ideal es evitar, en la medida de lo posible, todos o algunos de estos alimentos durante el primer año de vida de tu bebé y principalmente en sus primeros seis meses, o bien, de que no te excedas si llegas a comerlos, pues ahora se sabe que incluso a través de la leche materna pueden provocar en tu hijo la formación de alergias a corto, mediano o largo plazo. Evidentemente, con la introducción de los sólidos en la dieta de tu hijo también deberás evitarlos, algunos de ellos hasta por 18 meses o más. Considera que mientras más se retrase la introducción de los alérgenos en la dieta de tu bebé, menos probabilidades habrá de que genere una alergia contra ellos. Consulta a tu médico.

35

¿CUÁNTO TIEMPO DEBO AMAMANTAR A MI BEBÉ?

La Organización Mundial de la Salud recomienda alimentar a los bebés exclusivamente con leche materna de los cero a los seis meses de edad. De acuerdo con esta organización, en ese momento deben empezar a introducirse los alimentos sólidos en la dieta del bebé, pero la lactancia puede permanecer como un complemento de los mismos hasta dos años o más. Muchos pediatras marcan los 12 meses como el momento indicado para terminar la lactancia. Por otro lado, en tiempos bíblicos se hablaba del destete a los tres años de edad, y aún hoy en día, en muchas partes del mundo se desteta a los bebés alrededor de los cuatro años. Las mujeres de la Liga Internacional de la Leche y la filosofía del *attachment parenting* (crianza natural) del doctor William Sears no ponen un límite específico; sostienen que lo mejor para los bebés es el destete natural, es decir, aquel que se da al ritmo que el propio niño impone, y más o menos alrededor de los dos años. Pero, aun así, recomiendan que sea la mamá quien decida. Y sí, a fin de cuentas, eso es algo que tú deberás decidir.

Generalmente no es una decisión sencilla porque entran en juego muchos factores: en primer lugar, el deseo de tu propio bebé, que si ha tenido una buena lactancia lo más seguro es que no quiera dejarla antes de los 12 meses; por otro lado, la opinión de tu pareja y/o de personas importantes para ti, quienes tendrán sus propias teorías y no necesariamente verán las cosas igual que tú y, por supuesto, tu propio punto de vista, que seguramente estará dividido porque estarás considerando las necesidades de tu bebé, tu disposición a seguir amamantándolo por más tiempo o no, tus necesidades personales y laborales, etcétera.

Así que el primer paso es decidir tú sola, sin condescender con nadie, entre el destete natural y el destete programado por ti. Si optas por el primero, habrás de esperar a que tu bebé vaya marcando la pauta y ensanche lo suficiente su propio universo como para dejar la lactancia él solo, cuando así lo quiera. Si optas por el segundo, tienes que sopesar muy bien cuándo es el mejor momento para llevarlo a cabo. Considera lo siguiente:

- Los primeros seis meses de vida de tu bebé son los más vulnerables para él y por ello no se recomienda darle otro tipo de alimentación antes de esa edad. Trata de pasar esa primera frontera.

- La introducción de los sólidos y de otros líquidos es un proceso paulatino, no siempre fácil, y frecuentemente por uno o dos meses más la leche materna sigue siendo el alimento principal.
- Para destetar a tu bebé será clave que él ya sea capaz de tomar suficientes líquidos (los que su pediatra autorice) por sí solo, con biberón o vaso entrenador; o bien, que aprenda a hacerlo. Desde los seis meses puedes empezar a practicarlo porque es el mejor momento de introducir líquidos nuevos en su dieta.
- Apresurar las cosas podría ser traumático, física y emocionalmente, para alguno de los dos o para ambos. En última instancia, si por algún motivo debes dejar de darle leche a tu bebé de modo repentino, toma precauciones: sácate toda la leche que puedas durante varios días para evitar congestionamientos u otros inconvenientes en los pechos.
- Si vas a cambiarte de casa o a hacer un viaje largo con tu bebé, será mejor retrasar el destete. Poder amamantarlo es muy útil en situaciones de este tipo, pues permite al bebé adaptarse mejor a la situación.
- Todos los beneficios de la lactancia para tu bebé y para ti se hacen más efectivos a partir del año de tu bebé.

- Incluso cuando tu leche ya no constituya su alimento principal, seguirá siendo importante para él, tanto por los nutrientes y anticuerpos que todavía le dará, como por procurarle placer y calma.
- Cuando hayas destetado a tu bebé, su sistema de defensas bajará y será más propenso a enfermedades.

36

¿CÓMO SE HACE EL DESTETE?

La mejor manera de destetar a tu bebé es, como dicen las mujeres de la Liga de la Leche y la filosofía de la crianza natural, paulatinamente y con amor. El destete significa un gran cambio para ambos y toma tiempo ajustarse a él.

El método para hacerlo consiste en ir quitando las tomas poco a poco. Se quitan primero las menos importantes, por ejemplo, las de media mañana o las de media tarde, y cada dos o tres días se quita una nueva tetada, dejando para el final las más importantes, que suelen ser la primera de la mañana y la de antes de dormir. En total, el proceso puede durar entre dos y tres semanas, aunque también puedes considerar la opción de quitarle a tu bebé la mayoría de las tomas y dejarle sólo una o dos al día para conservar un momento diario, por un tiempo más.

El modo de quitar las tomas dependerá de la edad del bebé: si es muy pequeño, todavía no come sólidos y necesita tomar alimento a esa hora, habrá que ofrecerle el biberón o el vaso entrenador con la leche de fórmula que haya recomendado el pediatra. Quizá le tome algunos días aceptarla.

Será más fácil si se lo puede ofrecer alguien más —su papá, por ejemplo—. Si ya toma otros líquidos y come sólidos, entonces se le puede ofrecer algo rico de comer, trocitos de fruta o alguna bebida sustituta que le guste mucho (no azucarada). Mientras mayor sea el bebé, el destete requerirá de más sustitutos y distracciones. Sé creativa; la clave estará en lograr que él no se dé cuenta de que la hora de su toma está quedando atrás, por lo que es mejor cambiar un poco las rutinas y los espacios, pues si todo sigue igual notará claramente que algo le está faltando.

Si para el momento en que quieres destetar a tu bebé él todavía hace tomas en la noche, lo mejor será lograr que alguien más que no seas tú (el papá, de preferencia), esté ahí para cuando él despierte y le ofrezca alguna bebida de su agrado. Al principio seguramente le costará trabajo aceptarlo, pero pronto lo hará y hasta le servirá para aprender a quedarse dormido sin ti y estrechar el vínculo con su papá. Por lo demás, pueden empezar a practicar esta técnica nocturna desde los seis meses, con jugo o agua, o incluso desde antes con tu propia leche.

Volviendo al destete, será muy importante que durante el proceso seas muy cariñosa con tu bebé. Recuerda que tomar leche de tu pecho es en gran medida un acto amoroso y placentero con el que tu bebé dejará de contar, y así como vas a sustituir tu leche con algo más, también deberás compensar ese momento íntimo de placer con otras formas de gratificarlo física y emocionalmente durante el día.

Françoise Dolto, una psicoanalista francesa que realizó diversos estudios sobre los bebés, hablaba mucho sobre el poder de la palabra y decía que siempre es bueno participar a los hijos, por más chicos que sean, de los cambios pequeños o grandes que habrá en su vida. De acuerdo con esa forma de pensar, sería muy bueno que unos días antes de comenzar el proceso de destete encontraras la ocasión y las palabras para contarle a tu bebé, de modo simple pero claro, lo que está a punto de suceder. En los momentos más críticos, si tu bebé llora por tu pecho pero no quieres dar marcha atrás, podrás consolarlo y recordarle que ya se lo habías anticipado. Así, aunque sea difícil para él, recordará ese momento y le servirá para ir aprendiendo a confiar en tu palabra.

37

¿QUÉ DEBO SABER SI VOY A ALIMENTAR
A MI BEBÉ CON LECHE DE FÓRMULA?

Los beneficios de la lactancia pueden ser todo lo buenos que son, pero si a ti, por cualquier motivo, no te funciona, no te agobies ni te sientas culpable: afortunadamente existe la leche de fórmula. Pero aun cuando las circunstancias o tu propia determinación te lleven a tomar una decisión como ésta, trata de darle a tu bebé el calostro, porque ése sí no tiene un equivalente artificial. Aunque no vayas a seguir amamantando, si le ofreces tu calostro le darás un mucho mejor comienzo a la vida de tu bebé.

Alimentar a tu bebé con biberón también tiene sus ventajas y sus desventajas. Entre las ventajas se encuentra que el padre o alguien más puede participar tanto como tú en su alimentación; que es posible llevar un control muy preciso sobre las cantidades de leche que toma cada vez tu bebé; y que, actualmente, las leches de fórmula garantizan una nutrición muy completa y balanceada que incluye vitamina D y hierro en mayor cantidad que la leche materna, y en algunos casos también prebióticos antioxidantes y ácidos grasos de cadena larga. Por otro lado, con la leche de fórmula podrás sentirte más libre en el manejo de tu tiempo, así como en tu forma de vestir y de comer.

Entre las desventajas, cabe mencionar que los preparativos de cada biberón serán bastante engorrosos, sobre todo al principio; que tu bebé será más propenso a enfermedades, tanto porque no recibirá tus anticuerpos, como porque algún descuido en la higiene de los biberones puede provocar la formación de gérmenes; y que tu bebé podría ser intolerante o alérgico a alguno de los componentes de la fórmula, por lo que en ocasiones será necesario probar varias marcas o tipos diferentes.

Preparar un biberón llegará a ser muy familiar y sencillo para ti, pero tendrás que aprender cómo hacerlo. Sigue estas instrucciones:

- Lávate muy bien las manos antes de iniciar la operación.
- Verifica que el biberón esté perfectamente limpio y esterilizado. A partir de los seis meses, ya no será necesario esterilizar.
- Prepara la leche justo antes de que tu bebé vaya a tomarla. No prepares más de un biberón por anticipado.
- Utiliza siempre agua pura y fría, y entíbiala después.

- Sigue estrictamente las proporciones que indica el fabricante en la lata. Una vez que hayas añadido el polvo de leche, tapa bien la botella y agítala fuertemente para diluirlo hasta que no queden residuos ni grumos.
- Antes de servirla, el biberón deberá estar tibio. De preferencia, no lo calientes en microondas sino dentro de un recipiente con agua caliente. Si se calienta demasiado haz lo mismo pero con agua fría, o ponlo debajo del chorro de agua.
- Para entonces, ya deberás haber comprobado que el flujo de leche que sale del chupón es el adecuado. Si la gota tarda varios segundos en formarse, el agujero es demasiado pequeño. Si la leche sale en un flujo continuo, es demasiado grande y puede ocasionar que el bebé se atragante. Una aguja caliente te servirá para modificar al ancho específico indicado para tu bebé.
- Una vez que tu bebé tome los primeros tragos podría ser necesario destapar un momento el biberón para que entre un poco de aire, de lo contrario se generará vacío dentro del mismo y podría dificultar la succión de tu bebé.
- Tira la leche que sobre después de cada toma.

Si tu bebé es recién nacido, dale de comer a libre demanda. En unos días o semanas probablemente se ajustará a un régimen de tomas de unos 60 mililitros de leche cada cuatro horas, más o menos. Pero nunca deberás forzar a tu bebé por querer ceñirte a un esquema rígido. Trata de que sea él quien marque el ritmo de sus comidas y acompáñalo del modo más cercano y cariñoso posible. Recuerda la importancia del contacto y la cercanía física entre ambos.

Para darle de comer procura sentarte en un lugar tranquilo, cómodo y con suficientes cojines. Él deberá estar medio inclinado en tus brazos, no totalmente horizontal, para que respirar y tragar le resulte fácil y no corra el riesgo de atragantarse. Para estimular su reflejo de succión, acaríciale la mejilla más cercana a ti y en cuanto reaccione ponle la tetina del biberón en la boca. Cada vez que puedas establece contacto visual con él, háblale o cántale. No le des el biberón siempre del mismo lado. Más o menos a la mitad de la sesión cámbiatelo de brazo; no sólo te permitirá cambiar tu posición, sino también ofrecerle a él otro ángulo de visión.

Después de cada toma dale el tiempo necesario para sacar el aire. Por el tipo de succión que se hace con los biberones, los bebés que toman leche de fórmula tienen más necesidad de eructar después de cada comida. Por otro lado, emplean menos tiempo en comer que los que son amamantados, aguantan más entre toma y toma, y su sueño puede ser más pesado. Esto es porque la leche de fórmula requiere más tiempo para ser digerida, contiene más proteínas, más calorías y retrasa más la aparición del hambre. Además, una vez que han quedado satisfechos pierden el interés en seguir con el biberón en la boca. Por último, cabe mencionar que las evacuaciones de leche de fórmula son también más espaciadas, más espesas y olorosas que las de leche materna, y de color más verdoso.

38

¿QUÉ RIESGOS TIENE LA ALIMENTACIÓN CON LECHE DE FÓRMULA Y CÓMO LOS EVITO?

Dejar solo al bebé con el biberón. Alimentar a un bebé con leche de fórmula le confiere a la madre cierta independencia con respecto a él y puede hacerle creer que es buena idea dejarlo solo con el biberón apoyado en un cojín o una almohada. No hagas esto. No sólo cabe el peligro de que tu bebé se atragante y se ahogue estando solo, sino que puede sentirse muy incómodo si tiene que tragar mucho aire junto con la leche debido al ángulo en que esté apoyado el biberón. Además, le hará mucha falta tu cercanía, que lo acunes, lo abraces y le des el afecto que le corresponde cuando está comiendo.

Sobrealimentación. Como en todo, el apetito de cada bebé es diferente y no deberás esperar que el tuyo se termine un biberón, aun cuando pienses que lo necesita. Además de que puedes causarle vómito, podrías sobrealimentarlo y generar una acumulación innecesaria de células grasas en su cuerpo. A diferencia de la leche materna, la de fórmula sí puede ser motivo de sobrepeso en un bebé, y a la larga puede traerle problemas a su salud.

Subalimentación. Ocurre principalmente cuando las mamás, casi siempre por motivos económicos, preparan la leche más diluida de lo que las instrucciones indican. Pon atención en este detalle, porque hacerlo de manera sistemática puede llegar a causar anemia o desnutrición en tu bebé. Prepara la leche siguiendo estrictamente las recomendaciones de la lata. Por otro lado, si tu bebé ya se acabó el biberón que le correspondía y quiere más, lo mejor es dárselo. Si se lo toma sin forzarlo, es que lo necesita y no va a engordar.

Problemas en los dientes debido al biberón. Estudios recientes han demostrado que al permanecer mucho tiempo en la boca de los bebés mayores, los chupones —al menos los de la mayoría de las marcas de biberones— pueden generar la presencia de cierto tipo de hongos, que al alojarse entre los dientes acidifican su medio y provocan la proliferación de bacterias acidófilas y acidógenas, causantes de caries en la boca. Por otra parte, los movimientos que el pequeño hace al alimentarse con biberón lo llevan a ejercer una gran fuerza con la lengua y el orbicular de los labios, lo que a la larga puede modificar el desarrollo óptimo de su mandíbula. Por ello, en la actualidad muchos pediatras recomiendan el uso del vaso entrenador desde el principio, pues reduce enormemente dichos efectos.

Intolerancia a la fórmula. A un bebé menor de un año

no se le debe dar leche de vaca, ni fresca ni en polvo. Para ello existen las fórmulas infantiles, especialmente modificadas para ser toleradas por el aparato digestivo del lactante en sus primeros meses de vida. Es poco frecuente que un bebé sea intolerante a la leche de fórmula, pero llega a suceder. Generalmente, lo que ocurre es que hay intolerancia a la lactosa, que es uno de los carbohidratos presentes en la leche de vaca. En este caso, los síntomas son diarrea acuosa, dolor abdominal, gases e inflamación. Si tu bebé presenta estos síntomas llévalo de inmediato al pediatra y no cambies su alimentación sin consultarlo, pues primero hay que verificar que la causa de los desórdenes realmente sea ésa.

La leche de fórmula es una combinación de leche descremada de vaca con suero lácteo desmineralizado. Entre sus componentes figuran mezclas grasas, proteínas, carbohidratos, vitaminas, minerales y nucleótidos. Esta leche tiene varias presentaciones que se ajustan a los requerimientos del bebé, incluso en casos particulares como intolerancia a la lactosa, alergia a la proteína de la leche de vaca o problemas gastrointestinales. Cuando la lactancia no puede llevarse a cabo, la Academia Americana de Pediatría (AAP) aconseja el uso de fórmulas fortificadas con hierro y recomienda alimentar al lactante con este tipo de leches artificiales durante 12 meses como mínimo.

39

¿CÓMO Y CUÁNDO INTRODUZCO LOS ALIMENTOS
SÓLIDOS EN LA DIETA DE MI BEBÉ?

De acuerdo con la OMS, en los primeros seis meses de vida de un bebé, la leche (materna o de fórmula) debe ser el único alimento. Hay dos razones para sostener lo anterior: la primera, que hasta entonces ésta provee a los bebés de todo lo que necesitan para su crecimiento; y la segunda, que antes de eso el organismo del bebé no es lo suficientemente maduro para digerir o absorber alimentos complejos. Algunos pediatras difieren un poco y recomiendan empezar a introducir los sólidos desde los cuatro o cinco meses de edad, especialmente cuando se alimentan con fórmula.

Lo que es un hecho es que el proceso de ablactación (es decir, de introducir los sólidos) no tiene por qué ocurrir a la misma edad en todos los bebés. Deberás consultar a tu pediatra y tú misma podrás darte cuenta si ya es el momento, si notas que tu bebé ya no se está llenando como antes con la leche. Otros factores que te podrían indicar que tu bebé ya está listo, son los siguientes:

- Es capaz de mantenerse sentado (en tu regazo o en una silla para bebé).
- Tiene suficiente control de su cabeza.
- Demuestra un gran interés por lo que tú comes.
- Se lleva objetos a la boca para inspeccionarlos.
- Ha desaparecido el reflejo del rechazo de la lengua (es decir, si le das una probada de alimento mantiene la lengua dentro de la boca).
- Puede tragar los alimentos (que es una habilidad diferente de la de tragar líquidos).
- Pide más tomas de leche que antes, incluso en la noche.
- Ha aparecido el primer diente.

Independientemente del momento exacto en que empieces a ablactar a tu bebé, debes saber que el proceso será lento y durante un tiempo más la leche seguirá siendo su alimento principal, hasta en 75 por ciento. De hecho, durante las primeras semanas lo más recomendable es que le des primero su leche habitual y hasta después sus nuevos alimentos.

La forma de ablactar a un bebé consiste en introducir los alimentos muy poco a poco. Cada pediatra recomienda una secuencia diferente para hacerlo, pero generalmente la primera semana se empieza por frutas suaves y fáciles de digerir, como manzana, papaya, pera o plátano, preparadas en puré y sin azucarar; la siguiente semana se agregan verduras cocidas no condimentadas (zanahoria, chayote, espinaca o betabel); y hacia la tercera semana vienen los cereales, avena y arroz, enriquecidos con hierro y también sin endulzar. Y así, agregando cada vez el pollo, la carne, las leguminosas, etcétera, de manera que es en forma gradual como los alimentos sólidos empiezan a contribuir en la maduración del sistema digestivo de tu bebé y a cubrir sus requerimientos alimenticios de esta edad.

Es muy importante esperar lo suficiente para saber si un alimento le cayó bien a tu bebé antes de introducir otro nuevo. Si mezclas varios alimentos nuevos a la vez y alguno le cae mal (vómito, diarrea, ronchas), no podrás identificar con facilidad cuál fue. Recuerda también que si hay un historial de alergias en tu familia o si quieres extremar precauciones, deberás comentarlo con el pediatra para retardar especialmente la introducción de los alimentos alérgenos que mencionamos en la pregunta número 34.

De todas formas, si tu bebé presenta alguna reacción a un alimento en particular (como urticaria, congestión respiratoria o dolor de estómago), retíralo de su dieta y coméntalo a tu doctor.

40

¿CÓMO PREPARO SU COMIDA?

Aunque en los supermercados hay una gran variedad de alimentos elaborados especialmente para bebés, siempre que puedas lo mejor será que los prepares tú misma, para estar segura de su calidad y de que no contengan azúcar, sal o aditivos de ningún tipo. Además es más barato hacerlo así.

La verdad es que al principio ni siquiera tendrás que hacer gran cosa; las primeras semanas los bebés comen tan poco que seguramente empezarás preparando más de la cuenta y terminarás acabándote buena parte de su comida. De todas formas, a su ritmo cada vez comerá mejor y tarde o temprano hacer la comida de tu bebé será más importante en tus rutinas diarias, así que mira estas sugerencias sobre cómo prepararlas.

- Para elaborar las papillas de tu bebé no necesitas esterilizar los utensilios. Sólo asegúrate de lavarte muy bien las manos, la superficie en que vas a prepararlas y todos los trastes e ingredientes que usarás.
- Si vas a ocupar fruta o verdura, lo primero es ponerlas

a cocer por unos minutos, preferentemente al vapor. Recuerda que muchas de las vitaminas que contienen las frutas y las verduras son solubles al agua, y si las sumerges por completo perderán algunas de sus cualidades nutritivas. También el exceso de calor disminuye las propiedades de los alimentos.

- Una vez cocida, o si la vas a usar cruda, muélela muy bien, ya sea en licuadora, con un brazo o molino eléctrico, o a mano.

- Al principio lo mejor será colar muy bien la papilla, y poco a poco, conforme madure el sistema digestivo de tu bebé, podrás dársela sin colar; después podrás darle las frutas y las verduras picadas o ralladas, ya no molidas, y alrededor del año en pedacitos.

- Evita el uso de azúcar, sal y cualquier condimento. Sus riñones inmaduros no pueden soportar mucho la sal, y le harás un favor si no fomentas su gusto por lo dulce.

- Considera la opción de preparar papillas para toda la semana en una sola sesión de cocina y congelar las que no vayas a usar ese día. Para descongelarlas lo mejor es sacarlas con anticipación y dejarlas sobre un recipiente con agua tibia.

- Para los cereales, busca dentro de las marcas comerciales los que estén preparados para bebés, que contengan un solo ingrediente (evita por el momento las mezclas) y que no incluyan azúcar. Si los encuentras, dales preferencia a los orgánicos. No utilices leche de vaca para preparar el cereal.

- Recuerda que tanto el cereal como la papilla deben ser proporcionados además de su dieta regular de leche, no como sustituto de la misma.
- Las primeras papillas deberán ser de un solo ingrediente; conforme vaya creciendo y su cuerpo acepte los diferentes alimentos, podrás ir haciendo mezclas que le permitan conocer nuevos sabores y texturas, así como balancear su dieta.
- En general es mejor ofrecerle comida natural, integral y, de ser posible, orgánica.

Por último, hay que reconocer que en viajes, salidas o incluso en días muy complicados, las papillas comerciales pueden ser una salvación. En este caso, acostúmbrate a leer muy bien las etiquetas para elegir las más naturales y prefiere siempre las que no tengan azúcares, saborizantes o conservadores.

41

¿CUÁL ES LA MEJOR FORMA DE ENSEÑAR
A MI BEBÉ A COMER?

La iniciación de tu bebé a los alimentos sólidos puede ser algo muy formal y ceremonioso, con fecha, hora y lugar programados, o algo espontáneo que ocurra un día que estés comiendo y él se muestre muy interesado. Si ya va a cumplir seis meses o piensas que quizás esté listo para empezar a probar los sólidos y tienes en tu plato algo que podría digerir fácilmente (como una fruta o vegetales cocidos y poco condimentados), en ese mismo momento puedes hacer la prueba.

Por reflejo, y según dijimos, los bebés pequeños sacan de su boca los objetos, así es que si tu bebé empuja con su lengua la comida que le diste, puede ser un síntoma de que todavía no está listo. Pero si mantiene la comida en su boca e inspecciona la sensación con curiosidad y se queja cuando se acabe el sabor, entonces está listo para probar un poco más.

A partir de entonces podrás introducir los alimentos de acuerdo con las indicaciones de tu pediatra. Empieza siempre con probaditas y progresivamente aumenta la cantidad, conforme veas que lo acepta. Aproximadamente a los dos meses de haber empezado el proceso, tu bebé ya podría estar comiendo tres veces al día.

La alimentación debe ser placentera en todo momento y será muy importante que desde el principio procures que tu bebé disfrute la hora de comer. Si llega a sentirse forzado a comer cosas que no le gustan o cuando no lo desea, porque a tu vez te sientes presionada para que lo haga, las comidas se volverán momentos muy tensos y afectarán en forma clave su interés por comer. Es mejor tomarlo con calma. No te presiones ni lo presiones a él. Detecta lo que le gusta dentro de lo que puede comer y ábrete camino por ahí. Toma en cuenta estas recomendaciones:

- Respeta desde el principio su propio ritmo.
- Es muy común que los bebés se nieguen a probar alimentos nuevos. No insistas demasiado cuando algo le desagrade; deja pasar unas semanas y vuelve a intentarlo más adelante.
- Cuando ya deba estar haciendo tres comidas al día, la leche deberá pasar a segundo plano. Entonces aprovecha su apetito y ofrécele la comida primero y la leche después.
- Un gran estímulo de tu bebé para sentarse a comer

pueden ser su silla y/o su mesa, su babero, sus platos y sus cubiertos. Elígelos de manera que sean fáciles de lavar, resistentes, seguros y con diseños especiales para que los reconozca como suyos.

- No seas demasiado rígida con los modales en la mesa; déjalo explorar con los alimentos, poniendo un límite en el que tú y tu pareja se sientan cómodos.

- Prueba la temperatura de la comida antes de ofrecérsela. Le gustará más si está tibia, pero evita que pueda quemarse.

- El microondas no es recomendable para calentar vegetales, pues pierden gran parte de sus propiedades, pero si tienes que usarlo asegúrate de revolver bien la comida de tu bebé antes de dársela, para que no tenga diferentes temperaturas.

- Tu bebé no tardará mucho en querer comer solo. Permíteselo. Que empiece con trozos pequeños de fruta o verdura fáciles de tomar con la pinza de sus dedos, o con figuras de cereal. Y prepárate para el desastre. Más adelante, querrá probar también con la cuchara.

- Lo mejor para limpiar la cara y las manos de tu bebé después de un buen batidillo no son las servilletas de papel, sino las toallas de algodón que antes usabas para la leche que se le devolvía. Humedécelas con agua al momento y le resultarán menos molestas que las servilletas.

- No regañes a tu bebé en su proceso de aprender a comer ni le impidas hacerlo solo; mejor enséñale cómo se hace. Así fomentarás su confianza en sí mismo y su autoestima. Alcanzar la coordinación motriz necesaria para comer sin mancharse o ensuciar todo a su alrededor será un gran logro que terminará de alcanzar hasta que tenga más de tres años.

Por último, aunque tu bebé esté tardando demasiado en aceptar la variedad de alimentos que crees que ya debería comer, no le ofrezcas comida no apta para su edad, en la creencia de que podría despertar su gusto por comer y de que más vale que coma eso, a nada. No es así. Es preferible que se tarde todo lo necesario en empezar a hacerlo, pero que ingiera lo que su cuerpo necesita en este momento, a que lo introduzcas tan pronto a tentaciones que de momento no conoce, ni necesita conocer —entiéndase: comida chatarra, procesada o frita, comida rápida, embutidos, pan blanco, helados, dulces, refrescos, etcétera—. Piensa que si lo prueba y le gusta, lo querrá nuevamente y será más difícil que acepte la comida sana que sí necesita. Evita batallar en este sentido.

En el fondo, probablemente esto te lleve a replantear tus hábitos alimenticios y los de tu familia, pues es evidente que con el tiempo tu bebé querrá probar lo que comen todos a su alrededor. Pero más allá de que ustedes decidan o no cambiar su forma de comer, procura darle a tu hijo un buen comienzo y retrasa tanto como puedas su introducción a la comida que no es sana para él. Recuerda que en esta etapa, y hasta los dos o tres años, tu bebé no solamente se está alimentando; también está formando sus hábitos más básicos y su sistema digestivo mismo.

42

¿CÓMO INTRODUZCO OTROS LÍQUIDOS EN SU DIETA Y POR QUÉ ES MEJOR HACERLO EN VASO ENTRENADOR?

Cuando tu hijo aprenda a tomar líquidos en su vaso entrenador, habrás dado un paso clave para el logro de varias cosas a la vez. El primero es el gran beneficio que le aporta tomar agua sola, jugos o aguas de fruta natural e infusiones —que son los líquidos recomendados en esta edad— como bebidas complementarias a la leche. El segundo es que pueda dejar atrás el biberón (si llegó a usarlo), o a prescindir completamente de él, pues los estudios más recientes han demostrado que es mucho mejor para el desarrollo maxilar y dental de los bebés usar vasos entrenadores. Y el tercero es la posibilidad de contar con una bebida que le guste mucho y que pueda servirte para dejar de darle tu leche en la noche, cuando así quieras hacerlo y, eventualmente, para destetarlo.

Así pues, conseguir que tu bebé disfrute de tomar agua, jugo o té en su vaso entrenador es una tarea estratégica. Pero como sucede con cada paso nuevo de tu bebé, podría no ser del todo fácil o requerir más tiempo del que imaginas. En este caso, las recomendaciones son:

1. Dejar que tu bebé observe cómo otros bebés más grandes toman de su vaso entrenador. El deseo de imitación es infalible la mayoría de las veces.
2. Presentarle su propio vaso entrenador nuevo casi como si fuera un juguete. De hecho, si lo puede hacer alguien más, mejor: que lo mueva, comente sus colores, el líquido que tiene adentro.
3. Tenlo siempre a la mano; en el momento menos pensado le puede gustar.

Una vez que tu bebé acepte el vaso entrenador, considera lo siguiente:

- Lo mejor será que pueda tomar su bebida entre las comidas, después de las mismas y cada vez que tenga sed.
- Se recomienda no darle más de 120 mililitros en total de agua y jugo por día, y que durante el primer año todavía calme el resto de su sed con la leche.
- Evita los refrescos embotellados y las bebidas que contengan azúcar, colorantes, saborizantes, aspartame o

fenilalanina, ya que puede ser dañino para su salud y para sus dientes.

- Acostúmbralo a tomar agua simple; es un hábito muy saludable que te agradecerá toda su vida.

43

¿QUÉ HAGO SI MI BEBÉ NO COME BIEN
O NO QUIERE COMER SÓLIDOS?

Que un bebé no quiera comer puede tener varios motivos diferentes. En algunos casos no hay por qué preocuparse, pero en otros se trata de un claro indicativo de que algo no anda bien.

El primer motivo por el que un bebé podría disminuir sus comidas son los baches de crecimiento, momentos en su desarrollo en los cuales los bebés comen menos porque de modo natural responden a su cuerpo, que les indica que su ritmo de crecimiento ha bajado temporalmente y no necesitan tantas calorías. En este caso, tu bebé tendría que verse anímicamente normal y recuperar su ritmo habitual de comida en unos cuantos días.

Otro motivo por el que un bebé deja de comer es algún descontento que no sabe cómo expresar y que exterioriza de esta forma. A las conductas de este tipo en bebés que todavía no comen sólidos, las mujeres de la Liga de la Leche las llaman "huelgas de hambre", y ocurren cuando el bebé desea que su madre descubra algo que está siendo problemático para él. Esto puede ir desde algo físico, como el malestar por la dentición o algún otro problema en su salud, hasta cuestiones más bien emocionales, como que haya tenido un cambio significativo en su rutina y que no le gustó, la ausencia de alguien importante para él, o que sienta que su mamá está demasiado tensa. Si crees que a tu bebé podría estarle sucediendo esto, y aun cuando no comprendas bien sus motivos, lo mejor será que lo ayudes a retomar su alimentación normal a la brevedad posible y procures mucha cercanía física y emocional con él.

Por otra parte, en bebés que ya comen o deberían comer sólidos, este tipo de conducta puede deberse a otros motivos; por ejemplo, a la dinámica misma de la hora de comer. Como en otras esferas, gran parte de las situaciones conflictivas que rodean la alimentación están relacionadas con el estrés que genera este proceso en los padres. Para muchos puede resultar difícil relajarse y aceptar un poco de desastre a la hora de la comida, o la negativa de sus hijos ante ciertos alimentos que ellos consideran como la fuente de una buena alimentación. De esta forma, si cada vez que el bebé es sentado a comer empieza una batalla, lo presionan para que coma cosas que no le gustan o no tiene ganas de probar y se espera que tenga el comportamiento de un niño mayor, su respuesta será tomar distancia o entretenerse con la comida de la forma en que sí resulta interesante para él, es decir: tomándola con sus manos, explorando sus texturas o lanzándola al aire para ver qué sucede.

En esta etapa también podrían entrar en juego elementos emocionales de la vida del niño, en apariencia independientes de sus rutinas alimenticias, pero con repercusiones directas en este ámbito. Si piensas que puede ser el caso de tu hijo, no dudes en consultarlo con algún terapeuta. Más allá de eso, es claro que la atmósfera que tu bebé respire a la hora de la comida será fundamental: si hay tensión no podrá estar contento y proyectará ahí sus disgustos; si en cambio percibe que es un momento de convivencia afectuosa, estará mucho más relajado, cooperará y relacionará la comida con una sensación agradable. Así, la recomendación vuelve a ser que no lo presiones, respeta el ritmo de tu bebé. Considera estas sugerencias:

- Si rechaza un alimento, retíralo y ofrécele algo diferente, verificando si lo rechazó porque no le gusta o porque no tiene hambre.
- En la medida en que su dieta lo permita, dale opciones para que se sienta con la libertad de elegir lo que quiere comer.
- Si después de varios días sigue rechazando comida que

ya aceptaba, verifica que no le duelan las encías por la salida de algún diente nuevo. En este caso, la conducta será pasajera.

- Marca las reglas básicas de comportamiento en la mesa, respetando su necesidad de explorar y manipular los alimentos, pero estableciendo límites claros. Por ejemplo, puedes permitir que tome los cuadritos de fruta con la mano, pero no que los aviente.
- Si después de un periodo de 20 minutos en la mesa intentándolo de varias formas tu bebé no ha comido, bájalo de su silla y guarda la comida.

Por otra parte, también te servirá saber que hacia el primer año es muy normal que los bebés coman poco, que su dieta no sea muy balanceada todavía y que tengan preferencia por algunas pocas frutas, las pastas y los carbohidratos. Así que no te alarmes más de la cuenta y piensa que, si no se le presiona, cuando crezca irá encontrando el gusto por más alimentos, especialmente si todos los comen en casa.

44

¿CUÁL ES EL PROBLEMA DE DARLE DULCES
O ALIMENTOS AZUCARADOS A MI BEBÉ?

El problema del azúcar no se puede soslayar en un país donde los índices de obesidad y diabetes son tan altos como en el nuestro. Algo en nuestra cultura alimenticia no está bien y una falta de conciencia de tu parte sobre las causas del problema puede afectar directamente la salud de tu hijo.

Así, aunque plantearse esta pregunta con un bebé de 12 meses pueda parecer exagerado, en realidad no lo es. El poder del azúcar es tal, que si la vuelves habitual en su alimentación se acostumbrará a ella y la necesitará cada vez más, cuando en realidad se trata de un alimento que puede llegar a ser muy nocivo para el cuerpo humano. De hecho, está comprobado científicamente que el azúcar es adictiva. Por supuesto, es posible balancear su consumo, sólo que es necesario poner un cuidado especial y saber a qué te estás enfrentando.

De acuerdo con los estudios del doctor M. O. Broker, el asunto con el azúcar refinada es que se trata de una glucosa bastante simple que al ser digerida por el organismo libera gran cantidad de energía. Pero además, por su composición no requiere de un largo proceso digestivo; el hígado prácticamente no tiene que sintetizarla y por lo mismo llega con asombrosa rapidez al torrente sanguíneo y luego al sistema nervioso. Este último, experimenta la elevación en los niveles normales de glucosa como una leve euforia y, de manera proporcional a la cantidad ingerida, el regreso a los niveles normales de la misma es experimentado como disforia —lo que William Dufty ha llamado *sugar blues* (tristeza del azúcar)—.

En contraste, los carbohidratos simples derivados de las frutas, y más aún los complejos, presentes en cereales enteros y otros vegetales, tardan más tiempo en ser digeridos y proveen de energía y glucosa al cerebro de una forma constante y más duradera, que no genera ese bajón repentino ni la necesidad de elevar nuevamente los niveles de azúcar a toda costa.

Así, lo que normalmente ocurre a quien consume azúcar en forma cotidiana es que sus niveles de glucosa se mantienen de forma permanente por encima del nivel regular; es decir, rara vez se experimenta una baja hacia la auténtica normalidad en los niveles de glucosa, y la mayoría de la población mundial (pues de hecho, el problema trasciende nuestro país) literalmente vive bajo los efectos del azúcar sin saberlo.

Entre los daños que puede causar el exceso de azúcar refinada se encuentran la formación de caries en los dientes, desajustes glandulares y en el páncreas con consecuencias diversas, como diabetes, hipoglucemia, obesidad y descalcificación, además de hiperactividad, complicaciones en los procesos de aprendizaje y distintas enfermedades nerviosas. Anteriormente, muchos de estos padecimientos sólo se daban entre adultos, pero en la actualidad están afectando también a una buena parte de la población infantil del mundo —en nuestro país, con estadísticas muy visibles en lo que respecta a la obesidad y la diabetes tipo 2—.

Por lo anterior, es evidente que la formación de hábitos alimenticios sanos en tu bebé en relación con la comida azucarada, es fundamental. Empieza por convencerte de que el dulce natural de la comida, especialmente el de las frutas, es más que suficiente para un bebé, y es el mejor. En una edad tan temprana no es necesario iniciar su paladar en el mundo de los alimentos endulzados, las mieles, los postres y los dulces —como tampoco en el de lo salado o condimentado. Evita también los alimentos y bebidas preparados, pues muchos de ellos están fabricados con gran cantidad de azúcar. Revisa con cuidado las etiquetas.

En relación con los dulces propiamente dichos, toma en cuenta que buena parte del problema tiene que ver con un mal manejo de los mismos como salidas "fáciles" a situaciones que conviene aprender a resolver de otras maneras desde ahora: evita darlos como premio o como distractor, evita que luego él mismo te lo pida con impaciencia, metiéndote en situaciones difíciles de manejar.

Por eso, la respuesta a la pregunta de si está bien darle a probar dulces a tu bebé, con seguridad es no. Y, de preferencia, tampoco durante su segundo año de vida, o sólo muy esporádicamente. Ya crecerá y llegará el momento en que en algunos contextos, como las fiestas infantiles, por ejemplo, tenga que comerlos. Piensa que mientras no los conozca, no sabe de lo que se pierde. Si logras formar sus primeros hábitos prescindiendo de los postres y los dulces, tu hijo, por sí solo, moderará más fácilmente su consumo de los mismos en el futuro. Así que sé firme ante ofertas de amigos o parientes cercanos que quieran agradarle, seguramente con buenas intenciones. Tú debes tener la última palabra.

45

¿CUÁL ES LA MEJOR FORMA DE BAÑAR A MI BEBÉ?

Lo primero es preparar el baño: llenar la tina con agua tibia (34 a 37 ºC; que al meter tu propio codo no sientas frío ni te quemes), tener a la mano el jabón (de preferencia neutro hipoalergénico, para cuidar su piel), la toalla o toallas con que lo secarás, el pañal, la ropa que le vas a poner y cualquier otra cosa que puedas necesitar; por ejemplo, de recién nacidos, el alcohol para su ombligo. Es fundamental contar con todo lo necesario para transmitir a tu bebé bienestar y serenidad durante el baño. De hecho, más allá de que el baño tenga fines de higiene, puede constituir un momento de sumo placer, de generar un contacto lúdico y cariñoso entre ustedes, donde el papá también podrá participar. Lo más aconsejable es que sea en un baño o cuarto cerrado que pueda mojarse, con buena temperatura (20 a 25 ºC) y sin corrientes de aire.

Una vez que todo esté listo, desvístelo, limpia sus pompas y genitales, y sumérgelo cuidadosamente en el agua, cuidando de no mojar el área de su ombligo, si es el caso. Deberás sostenerlo con un brazo, pasándolo por atrás de su cabeza para detenérsela, y con el otro brazo, el más diestro, lo enjabonarás, lo enjuagarás y traerás la toalla. Al principio te parecerá complicado, pero pronto encontrarás el modo. Por supuesto, entre dos es más sencillo.

En general, se lavan empezando por las partes menos sucias y terminando por las más sucias, teniendo especial cuidado en los pliegues de la piel. Necesitan muy poco jabón o champú (no antes del año) y pueden prescindir de esponjas —aunque si esto último te acomoda, puedes intentarlo siempre y cuando lo hagas con una esponja natural, suave y limpia, y verifiques que no lastime o irrite la piel de tu bebé—.

El baño en tina suele relajar más a los bebés, pero si no tienes una o si sientes que tu bebé se angustia mucho al meterse al agua, también podrás bañarlo en regadera cuando se le caiga la pinza del ombligo. En cualquier caso, al principio a los bebés les angustia mucho mojarse, pero poco a poco se familiarizan con la sensación y la mayoría termina amando la hora del baño. Si decides bañarlo en regadera, deberás meterte con él en brazos y bañarlo sólo a él. Tu propio baño tendrá que ser en otro momento, cuando no lo estés cargando. También deberás secarlo y vestirlo primero a él.

Otra modalidad es el baño seco o con esponja, útil durante las primeras semanas si no tienes las condiciones adecuadas para baño en tina o regadera, o si sientes que tu bebé se altera demasiado con el agua. En este caso, deberás desvestirlo y pasar una esponja húmeda y perfectamente limpia por toda su piel. Podrás intentar el baño con agua unos días o semanas más adelante.

Los baños pueden ser diario o cada tercer día. Cualquier hora del día está bien, siempre y cuando no haga mucho frío, pero procura establecer rutinas estables. Considera que aunque los bebés prácticamente no se ensucian, el baño sirve mucho para relajarlos, por lo que puede constituir un momento clave de su rutina cotidiana antes de dormir.

46

¿PAÑALES DESECHABLES O DE TELA?

Ésta será una de las decisiones que más repercutirán en tu vida cotidiana, pero también en la del planeta. Antes de analizar las ventajas y desventajas de cada uno, mira primero cómo son hoy en día los pañales de tela. Si no has tenido contacto con ellos a través de alguna conocida, podrías estar pensando que todavía son como aquellos pedazos de tela blanca detenidos con seguros que usaban las abuelas. Pero no; también en esto el tiempo ha dejado su huella y, sobre todo en los últimos años, ha habido un gran despliegue en la fabricación de este tipo de pañales y existen muchos modelos bastante innovadores. Lo anterior se debe, en gran medida, a la toma de conciencia sobre el problema ecológico que generan los pañales desechables, pero también por motivos de comodidad y economía en muchas familias.

Por lo general, todos los pañales de tela constan de tres partes principales: la absorbente, que cubre la zona genital del bebé; un forro, que es removible (desechable o lavable) y facilita la limpieza del bebé y del pañal; y un cobertor impermeable, que evita el paso de la humedad y los escurrimientos. Las diferentes formas en que cada parte está elaborada, los materiales y la manera en que se combinan estos elementos, es lo que da lugar a esa gran variedad de pañales de tela que existen hoy en el mercado: unos vienen en tres partes, otros en dos y unos más traen todo en uno. Pueden ser de algodón, de franela y/o de tejidos orgánicos muy gruesos. Los hay tan cómodos como los desechables, o tan rústicos como los de las abuelas. Y también existe una serie de accesorios ecológicos alrededor de ellos que consideran otras necesidades del cambio de pañal. Así, los pañales de tela también ofrecen un amplio rango para decidir qué es lo que más te conviene en cada caso, considerando el precio, las necesidades de tu bebé y la comodidad para ambos.

Para lavar los pañales de tela considera lo siguiente: lo mejor es hacerlo diario, con agua caliente, usar detergente neutro, biodegradable y, de ser posible, hipoalergénico o jabón neutro de barra (si es para la lavadora, úsalo previamente rallado o disuelto en agua). No uses cloro; para suavizarlos agrega un poco de vinagre blanco, verifica que estén perfectamente enjuagados y sécalos al sol, lo cual termina de matar las bacterias y los blanquea muy bien.

Y ahora una observación. El hecho de que hoy en día el uso de los pañales de tela no esté más extendido no es casualidad. Es, en buena medida, el resultado de una lógica de mercado en la que unos cuantos monopolios han acaparado la resolución de una necesidad social básica, casi sin dejar espacio para otras formas de consumo. Los productores de pañales de tela están muy lejos de competir con ellos, son generalmente pequeños y locales, muchas veces constituidos por grupos de mujeres, y no tienen los recursos para anunciarse a niveles macro como lo hacen las grandes marcas. Y claro, son estas marcas quienes patrocinan la mayor parte de las revistas o programas dedicados a la difusión de temas de maternidad, al menos en México. Por eso casi no has visto anuncios sobre pañales de tela. Sin embargo, en otros países el tema constituye todo un universo. Si te interesa, busca en internet.

47

¿CUÁLES SON LAS VENTAJAS Y DESVENTAJAS
DE LOS PAÑALES DE TELA?

Ventajas

Medio ambiente. Los pañales de tela son menos nocivos para el medio ambiente que los desechables.

Comodidad para el bebé. Son más cómodos que los desechables, justamente porque son de tela. Compara cómo te sientes tú cuando estás en calzones y cuando tienes que llevar una toalla sanitaria. No obstante, cuando están sucios, los de tela sí son más incómodos.

Garantía para la piel. Por estar elaborados únicamente con algodón y otras fibras naturales, como cáñamo o bambú, puedes tener la certeza de que no generarán reacciones alérgicas en la piel de tu bebé ni tendrán consecuencias insospechadas a largo plazo.

Economía. Aunque suponen una inversión inicial mayor y gastos de agua, jabón y energía, a la larga resultan más baratos. Su periodo de vida es de seis años o más, así que pueden ser usados por varios bebés. En Ebay hay todo un mercado de pañales de segunda mano.

Se dejan antes los pañales. Está comprobado que los niños que usan pañales de tela aprenden a controlar sus esfínteres antes y con menor esfuerzo de sus padres. La razón es que cuando hacen *pipí* o *popó* lo notan en seguida y aprenden más pronto a reconocer y relacionar sus sensaciones.

Apoyo para muchas madres trabajadoras. Comprando pañales de tela estarás ayudando a muchas madres trabajadoras, ya que son quienes principalmente producen estos artículos. Tú decides si quieres invertir tu dinero en comercio justo y ecológico, o darlo a las multinacionales.

Desventajas

Poco prácticos. En muchos sentidos, los pañales de tela son menos prácticos que los desechables, porque implican más tiempo y trabajo, tanto para ponerlos como para quitarlos y lavarlos.

Gastan más agua, energía y jabón. Los pañales de tela también generan consecuencias negativas para el medio ambiente, porque para lavarse requieren agua, energía y jabón. Puedes atenuarlo al usar detergentes biodegradables, evitar los suavizantes y secarlos al sol.

No se consiguen fácilmente. En comparación con los pañales desechables, es mucho más difícil conseguirlos, aunque cada vez menos porque está creciendo la demanda. En internet hay muchos sitios donde puedes comprarlos, pero generalmente los envían a Estados Unidos, Canadá o Europa. En México hay varias comunidades de mujeres que los hacen.

48

¿CUÁLES SON LAS VENTAJAS Y DESVENTAJAS DE LOS PAÑALES DESECHABLES?

Ventajas

Comodidad para el bebé. Aunque no son tan cómodos como los de tela, la comodidad de tu bebé sí está garantizada con ellos.

Muy prácticos. En comparación con los de tela, son mucho más prácticos porque se ponen más rápido, y cuando los quitas los envuelves en una bolsa de plástico para evitar malos olores, los tiras al basurero y te olvidas del problema.

Muy fáciles de encontrar. A diferencia de los de tela, en cualquier farmacia o supermercado del país los puedes conseguir.

Desventajas

Muy nocivos para el medio ambiente. Los pañales desechables generan aproximadamente una tonelada de residuos por bebé, al año. La contaminación que generan tanto al producirse como al desecharse es alarmante. Para descomponerse pueden tardar entre 200 y 500 años, dejando tras de sí un rastro de moléculas contaminantes que tarde o temprano acaban incorporándose a los ecosistemas. Sólo en Estados Unidos se generan 82 000 toneladas de plástico y se talan 250 000 árboles cada año para hacer pañales desechables. En algunas ciudades de Europa, los ayuntamientos ya están subvencionando la compra de pañales de tela para evitarse costos de tratamiento de las basuras producidas por los pañales desechables.

Tienen geles. El gel de poliacrilato que se utiliza en los pañales desechables para volverlos más absorbentes es relativamente nuevo y, bien a bien, no se conocen las consecuencias de su uso a largo plazo porque no se han realizado los estudios pertinentes. Además, contienen varias dioxinas y algunas veces también poliacrilato de sodio, una sustancia que se suprimió de los tampones en 1985 debido a su relación con el síndrome del colapso tóxico. Muchos bebés, sobre todo los prematuros, deben usar pañales de tela porque son alérgicos a los componentes químicos de los desechables.

Los bebés tardan más en aprender a controlar esfínteres. Los pañales desechables son tan efectivos para que los bebés no se sientan incómodos por estar mojados o sucios, que cuando ya son mayores no entienden qué está ocurriendo con su cuerpo porque no notan nada.

Son más caros. A la larga, es más caro usar pañales desechables que de tela, y hay que agregar que invertir en ellos es alimentar las macroindustrias que los generan.

¿Y qué hay de los pañales desechables biodegradables?

La proporción en que son realmente menos nocivos para el medio ambiente varía mucho de marca en marca. Hay unos que no tienen mayor diferencia y otros que sí representan una verdadera alternativa ecológica. Investiga. En el mejor de los casos, puedes considerar que, al menos en términos de comodidad y daños al medio ambiente, se encuentran en un punto más o menos intermedio entre los pañales desechables normales y los de tela.

A fin de cuentas, decidir qué pañales usar para tu bebé no se trata de que te cases con unos o con otros necesariamente. Tal vez lo mejor sea usar a veces de tela, por ejemplo para estar en casa o cuando se acerque el momento de empezar el entrenamiento de esfínteres con tu hijo; y a veces desechables, como cuando tengas que salir o viajar, o si tu vida cotidiana está pasando por una etapa demasiado complicada. Lo importante es que no descartes tan pronto los pañales de tela, pues pocas veces tendrás en tus manos la posibilidad de hacer algo verdaderamente efectivo por el bien de nuestro planeta, como al tener que elegir los pañales para tu bebé.

49

¿QUÉ DEBO CONSIDERAR AL CAMBIARLE
LOS PAÑALES A MI BEBÉ?

Los primeros días, cuando acabes de tener a tu bebé, tendrás la sensación de que todo el día se te va en darle de comer y cambiarle los pañales. Y sí, harás entre siete y nueve cambios todos los días. Será tan rutinario que poco a poco te acostumbrarás, y lo que antes te tomaba mucho tiempo, pronto estará dominado. Calcula que esta tarea de todos los días durará más o menos hasta que tu bebé tenga dos años y medio o tres. Pero para entonces ya no será necesario hacer tantos cambios de pañal al día, porque a medida que crecen la frecuencia baja, aunque aumenta la cantidad. Por otro lado, considera que hasta aproximadamente los dos meses, tu bebé tendrá deposiciones tras cada toma de pecho o biberón, pero más adelante podrían pasar hasta cuatro días, o más, sin una sola.

A continuación encontrarás algunas recomendaciones generales para el cambio de pañal:

- Para el hospital y los primeros días de nacido, e independientemente del tipo de pañales que hayas elegido para lo sucesivo, será más práctico usar pañales desechables porque el meconio es muy pegajoso y difícil de limpiar. Mientras tu bebé no lo haya expulsado, es buena idea ponerle un poco de aceite de almendras en las pompas para limpiarlo mejor cuando llegue el momento.

- Procura que tenga siempre el pañal limpio y seco. Las enfermedades en la piel de esta zona ocurren con frecuencia por la presencia constante de humedad, suciedad, bacterias o irritantes químicos (como los detergentes). Prevé estas situaciones.
- Si durante la noche no ensucia el pañal, no hará falta que se lo cambies. Para la noche bastará un pañal algo más absorbente que el que usas durante el día.
- Por las noches o cuando esté pasando por un periodo de dentición, puedes untarle pomada repelente al agua para evitar rozaduras. No uses talco.
- Cambia a tu bebé en un lugar cómodo y acondicionado para ello, de preferencia de pie para no lastimarte la espalda y con todos los accesorios correspondientes a la mano.
- Considera el uso de algodones húmedos en lugar de toallitas comerciales; es igual de efectivo y mejor para la piel.

- Si tu bebé evacuó, limpia con cuidado los pliegues de la piel y los genitales.
- Si es niña, hazlo siempre de adelante hacia atrás para no contaminar su vulva con gérmenes del recto.
- En el caso de los niños, si a tu bebé le hicieron circuncisión debes tener especial cuidado en que el área esté limpia. Pide al pediatra que te explique la mejor forma de cuidarla. Si no se la hicieron, después de algunas semanas deberás empezar a retraer la piel de la punta del pene (prepucio), pero sólo cuando tu pediatra lo indique.
- Los recién nacidos son muy dóciles y cambiarles el pañal es sencillo. Pero en algún momento, conforme crecen, empieza a ser una verdadera proeza porque se vuelven muy inquietos. Cuando eso suceda, lo mejor será distraerlo con alguna novedad.

50

¿QUÉ DEBO CONSIDERAR PARA LA LIMPIEZA DE ROPA, BIBERONES, TRASTES, JUGUETES Y ESPACIOS EN QUE SE DESENVOLVERÁ MI BEBÉ?

La ropa. Usa siempre jabón neutro o suave. Sobre todo si en tu familia hay antecedentes de piel delicada, fíjate en la leyenda "hipoalergénico", o usa jabón neutro de barra y rállalo o caliéntalo para usarlo en la lavadora.

Los biberones, vasos entrenadores y otros materiales. Para todos los utensilios del bebé hay que tener una escobeta especial, pues como la usarás para limpiar las partes más cerradas de los biberones y vasos entrenadores, hay que evitar que se engrase o se ensucie con residuos de comida. La mejor manera de evitar que se formen hongos en los chupones, válvulas y demás piezas de las botellas, es lavarlos inmediatamente después de usar, pues la combinación de humedad, comida y calor los genera. Si llegan a formarse, remoja las piezas en agua con bicarbonato durante una noche.

Para esterilizar. Es recomendable esterilizar biberones, sacadores de leche, relactadores, etcétera, hasta que los bebés cumplan cinco o seis meses, más o menos. Después es suficiente con lavar y enjuagar todo muy bien. Lo que vayas a esterilizar tiene que estar muy bien lavado y deberás hervirlo por 15 minutos. También se pueden usar esterilizadores eléctricos, que deben lavarse después de cada uso.

Los juguetes. Es necesario lavar los juguetes de tu bebé cuando empieza a llevárselos a la boca. Entonces deberás lavarlos o pasarles un trapo húmedo siempre que sean nuevos o cuando se caigan al piso. Limpia periódicamente sus juguetes preferidos con agua y jabón de manos, o con un trapo húmedo.

El ambiente. Uno de los agentes más nocivos para las vías respiratorias y el sistema inmunológico del bebé es el polvo, ya que puede debilitar la mucosa nasal y hacerla fácilmente vulnerable a la presencia de virus y bacterias, o a la formación de alergias. Para prevenir la acumulación de polvo y mejorar la calidad del aire en tu casa, evita las alfombras y las cortinas pesadas, por lo menos en el cuarto del bebé. Y si las hay, pasa la aspiradora frecuentemente. También evita demasiados peluches o aléjalos de la cuna. Trata de que nadie fume en tu casa o de que no lo hagan cerca de él. Ventila su cuarto y el resto de la casa todos los días, al menos un par de horas, para permitir la renovación del aire.

51

¿PUEDO TENER MASCOTAS?

Si ya tienes una mascota en casa no es necesario pensar en apartarla de ustedes; lo más seguro es que pronto se adapte a la llegada del nuevo miembro de la familia y quiera protegerlo y cuidarlo. Por otro lado, se sabe que los niños que comparten su infancia con su mascota son mucho más sociables y no tienen temores con otros animales.

Sin embargo, tienes que preparar a tu mascota; la transición puede ser difícil, especialmente si está habituada a ser el centro de atención. Mira estas sugerencias:

Acostúmbralo a pasar menos tiempo contigo. Si el animal está muy apegado a ti, es importante que desarrolle una relación fuerte con otro miembro de la familia o que empiece a acostumbrarse a estar menos tiempo contigo. Así evitarás que se sienta desplazado cuando llegue tu bebé.

Ponlo al día en sus vacunas. Hazle un chequeo médico completo antes de que nazca tu bebé. Vacúnalo y desparasítalo de acuerdo con las recomendaciones del veterinario.

Esterilízalo. Los animales esterilizados o castrados son

más tranquilos y la probabilidad de que reaccionen intempestivamente disminuye.

Preséntale al bebé antes de que llegue a casa. Para que el perro o gato reconozcan al nuevo integrante de la familia, dales a olfatear algo como sus pañales o una cobija antes de que el bebé llegue a la casa; así lo aceptarán con más facilidad.

Mantenlo limpio. Baña a tu mascota cada dos semanas, más o menos, o cuando esté sucia. Usa jabones que no sean demasiado fuertes. También mantenla con las uñas cortas.

No permitas que lama la cara del bebé. Podría darle un gran susto, además de transmitirle gérmenes.

No permitas que el bebé agreda al animal. Cuando tu bebé ya gatee y ande por la casa, enséñale a no jalarle la cola al animal, a no quitarle su comida y a no acercarse a él cuando come, pues tu mascota podría reaccionar instintivamente y morderlo o asustarlo.

No dejes al bebé solo con la mascota. Nunca los dejes solos. Evita un accidente.

Pasa tiempo con tu mascota. Procura destinarle un rato de calidad a tu mascota todos los días y no cambiar demasiado sus rutinas. Cuando te sientas lo suficientemente adaptada pueden salir a pasear todos juntos.

52

¿QUÉ ES MEJOR: CIRCUNCIDAR A MI HIJO, O NO?

A lo largo de la historia, muchas culturas y sociedades han practicado la circuncisión bajo distintas creencias o con diferentes propósitos, y todavía hoy en muchos casos se les realiza a los bebés por precepto religioso (por ejemplo, entre los judíos). Pero más allá de cualquier factor ideológico o cultural, como lo sostiene la Academia Estadounidense de Pediatría, actualmente no existen fundamentos médicos contundentes para realizar este procedimiento como una práctica neonatal de rutina, y por eso es obligación de todos los médicos permitir que los padres tomen su propia decisión.

La circuncisión es la eliminación quirúrgica de un pliegue de piel llamado prepucio, que recubre la cabeza del pene, llamada glande. El prepucio tiene funciones como proteger al glande de la orina, del roce con la ropa y de rasguños o heridas que pudieran lastimarlo. También mantiene humedecido el glande y es un punto de terminaciones nerviosas especializadas en favorecer el placer sexual, además de que en él se localizan algunas células y enzimas con funciones inmunológicas no muy estudiadas todavía.

A grandes rasgos, los argumentos a favor de la circuncisión giran en torno al hecho de que diversas investigaciones
han sugerido que los hombres no circuncisos tienen mayor
riesgo de padecer ciertas afecciones, como cáncer de pene,
algunas enfermedades de transmisión sexual (incluyendo
el sida), fimosis (estrechez del prepucio que impide su re-
tracción) e infecciones urinarias. No obstante, las mismas
investigaciones indican que el aumento del riesgo en general para estas afecciones es sólo ligeramente menor, además
de que muchas de ellas pueden fácilmente prevenirse con
una higiene apropiada del pene y prácticas sexuales seguras,
además de que son curables sin tratamientos demasiado
complicados (salvo el sida).

En un recién nacido la circuncisión también reduce el
riesgo de infecciones del tracto urinario durante el primer
año y, con ello, los riesgos de padecer algún daño renal e infección generalizada, aunque ambos también son enfermedades muy poco comunes. Eventualmente, complicaciones
posteriores por alguna infección de este tipo podrían hacer
necesario practicar la circuncisión en una edad más avanzada del niño, pero en este caso la recuperación se vuelve
más dolorosa y tardada.

Por otro lado, entre los argumentos en contra se encuentra precisamente el hecho de que esas diferencias tan

poco contundentes en el riesgo de padecer algunas enfermedades han servido como comprobación de que se trata de una cirugía realmente innecesaria en términos médicos. Otro argumento en contra lo constituyen los riesgos mismos de la intervención quirúrgica propiamente dicha, en esta edad tan tierna (sangrado, infección, enrojecimiento alrededor del sitio de la cirugía y lesión en el pene), aunque en manos de un cirujano experto estas complicaciones son poco frecuentes.

Pero sin duda los dos argumentos más polémicos y a la vez menos investigados en contra de la circuncisión son el del trauma y el del factor sexual. De acuerdo con el primero, al realizarse en la mayoría de los casos sin anestesia, la circuncisión constituye un acontecimiento muy traumático para un recién nacido, con consecuencias profundas en su psiquismo y en el establecimiento de un umbral del dolor más bajo en el futuro. Y para el segundo, este tipo de intervención disminuye la sensibilidad del pene en la futura vida sexual de quien se la practique, según lo han argumentado hombres a quienes la cirugía se les practicó siendo ya más grandes. Por todo esto, algunos grupos consideran que la circuncisión neonatal es una mutilación perjudicial e irreversible de tejidos sanos y funcionales, y por lo tanto constituye una violación a la integridad física de un ser humano, que por su edad no puede decidir por cuenta propia.

Así pues, la decisión no es fácil de tomar, porque además de estas razones de corte médico, intervienen también motivos personales, culturales y religiosos, que cada quien tiene que sopesar.

Si le practicaste la circuncisión a tu hijo, deberás llamar a tu pediatra si:

- La herida no deja de sangrar.
- El bebé no ha orinado en un plazo de seis a ocho horas después de la circuncisión.
- El enrojecimiento y la hinchazón alrededor de la punta del pene no desaparecen, o empeoran después de tres a cinco días.
- Hay una secreción de color amarillento o una capa que recubre la punta del pene de lado a lado después de siete días.
- El dispositivo que le fue colocado no se cae en un plazo de 10 a 12 días.

53

¿POR QUÉ DEBO VACUNAR A MI BEBÉ?

Las vacunas tienen el objetivo de proteger al bebé de adquirir enfermedades que puedan resultar perjudiciales o fatales para él.

Desde su descubrimiento y especialmente ahora, con los avances de la medicina, han constituido una herramienta altamente eficaz para la prevención de enfermedades que de otro modo seguirían cobrando una gran cantidad de vidas en todo el mundo, sobre todo en los países más pobres o en vías de desarrollo. Es por eso que en la actualidad constituyen uno de los tres ejes principales de las políticas de salud preventiva en un gran número de países —incluido el nuestro—, junto con la lactancia y los programas de purificación de agua.

Los esquemas de vacunación cambian de un país a otro, ya que los padecimientos predominantes son distintos en cada lugar. En México, al año 2009, se aplican vacunas para las siguientes enfermedades:

• Tuberculosis (BCG).

- Hepatitis B.
- Difteria, tétanos, tos ferina, poliomielitis (Sabin), hepatitis B y haemophilius influenza tipo B —contenidas en la vacuna Pentavalente (DPaT+VPI+Hib)—.
- Sarampión, paperas y rubeola —contenidas en la vacuna Triple Viral (SRP)—.
- Rotavirus.
- Neumococo (Neumocóccida conjugada).

Las vacunas se ofrecen como parte de los servicios médicos privados, pero también de forma gratuita y permanente para todos los bebés y niños mexicanos en todas las clínicas y centros de salud del Sistema Nacional de Salud, a saber, el Instituto Mexicano del Seguro Social (IMSS), el Instituto de Seguridad y Servicios Sociales de los Trabajadores del Estado (ISSSTE), el Sistema Nacional para Desarrollo Integral de la Familia (DIF), la Secretaría de la Defensa Nacional (Sedena) y la Secretaría de Salud. Además, este servicio se impulsa de manera especial a través de las Semanas Nacionales de Vacunación, que se hacen tres veces al año en todo el país.

Una vez nacido tu bebé, podrás solicitar de manera gratuita en el hospital, en el registro civil o en cualquier clínica cercana a tu casa, su cartilla de vacunación, la cual contendrá el esquema básico vigente para el registro de sus vacunas, así como de algunos datos sobre su crecimiento.

En nuestro país, la cartilla de vacunación es un documento oficial que, debidamente llenado de acuerdo con la edad del niño, es requisito obligatorio para su ingreso a la guardería y la escuela.

54

¿CÓMO FUNCIONAN LAS VACUNAS?

Las vacunas son sustancias producidas en laboratorios y que contienen una porción muy pequeña de diversos gérmenes muertos, debilitados o generados sintéticamente, que se introducen en el organismo del bebé a fin de provocar en él una respuesta de ataque —los anticuerpos— y una memoria inmunológica que servirá para neutralizar los efectos de esos gérmenes en el futuro. A través de esta práctica, el bebé queda armado con los anticuerpos necesarios para combatir la enfermedad para la cual fue vacunado, sin haber tenido que padecer sus síntomas.

Cabe resaltar que, para adquirir inmunidad, el cuerpo humano cuenta con dos mecanismos diferentes: el activo y el pasivo. El activo funciona a través de la estimulación del sistema inmunológico del cuerpo tras entrar en contacto con agentes nocivos (también llamados antígenos), sea a través de enfermedad o de vacunación. Cuando es por enfermedad, estos agentes pueden ser enfrentados por el sistema inmunológico del cuerpo sin mayor problema, pero también hay casos en que pueden llegar a ser fatales, o dejar consecuencias negativas para toda la vida. Con la vacunación, los riesgos quedan atenuados desde un principio al adquirir la inmunidad de una forma segura para el cuerpo.

La forma pasiva de adquirir inmunidad se da con la transferencia de anticuerpos de un individuo a otro, por ejemplo de una madre a su hijo, sea a través de la placenta, el calostro o la leche materna, o bien de un individuo adulto a otro, con sueros o gammaglobulinas. Este tipo de inmunidad comprende todos los productos sanguíneos, como los glóbulos rojos, inmunoglobulina y derivados del plasma, pero dura sólo unos meses.

Volviendo a las vacunas, como contraindicaciones para las mismas cabe señalar que, por regla general, no se debe vacunar a los niños enfermos o que tengan fiebre superior a 38 °C, a los que recientemente hayan sido sometidos a una transfusión y a los que tengan antecedentes alérgicos con algún componente de cualquier otra vacuna.

Por otro lado, como reacciones secundarias comunes cabe señalar que, debido a su composición, las vacunas pueden generar una infección menor al entrar en el cuerpo, con algunas reacciones molestas que pueden ir desde fiebre baja, malestar leve, enrojecimiento, dolor o inflamación en el área donde fue aplicada, hasta fiebres muy elevadas y mucho malestar, dependiendo de qué vacuna se trate. Estas molestias surgen como resultado de los procesos del organismo para generar los anticuerpos y suelen desaparecer 24 o 48 horas después de la aplicación de la vacuna. Pregunta a tu pediatra cómo atenuar estas molestias si se presentan en tu bebé.

En casos excepcionales, las vacunas también pueden generar reacciones adversas graves, como alergias o reacciones locales o sistémicas raras, debidas a la composición de las vacunas o a errores en su fabricación, almacenamiento, manipulación o administración. De hecho, ésta es la razón por la cual en muchos países desarrollados de Europa principalmente, algunas de ellas han dejado de ser obligatorias. Pero volver opcionales las vacunas es algo que sólo puede considerarse en países donde la desnutrición, la cultura sanitaria y el acceso a la atención médica puntual y de máximo nivel han dejado de ser un problema.

Por otro lado, tampoco hay que olvidar que los productos farmacéuticos implican negocios millonarios y no siempre son fruto de la intención altruista de los productores. De hecho, en ocasiones algunas vacunas se han tenido que retirar del mercado por su toxicidad.

En este sentido, tal como se señala en el portal sobre vacunas de la Asociación Española de Pediatría, vale la pena recordar que las reacciones adversas relacionadas con ciertos medicamentos son tan antiguas como los primeros remedios utilizados en el tratamiento de las enfermedades, y las vacunas no son una excepción. Ningún producto biológico o farmacéutico desarrollado hasta ahora es 100 por ciento seguro y eficaz, porque todo producto con actividad farmacológica puede actuar como tratamiento, pero también como veneno. Se estima que la efectividad de las vacunas oscila entre un 85 y un 99 por ciento de los casos. Con todo, los laboratorios médicos en la actualidad siguen trabajando para hacerlas cada vez más eficaces y seguras.

55

¿QUÉ DEBO ESPERAR DE MI PEDIATRA?

Cuando uno tiene hijos, el pediatra se vuelve una pieza clave en la vida. De ahora en adelante, tu pareja y tú depositarán en él toda su confianza en lo que se refiere al seguimiento médico de su bebé, y el pediatra se volverá, en mayor o menor medida, su guía o su asesor para muchas decisiones importantes en relación con el bienestar físico del pequeño. Para quien tiene en sus manos la posibilidad de elegir un pediatra sin tener que depender de algún sistema de salud en específico, sea público o privado, aquí hay algunas recomendaciones sobre qué considerar.

Hay muchos factores que pueden ayudarles a determinar si están con el pediatra indicado. En principio, que se lo haya recomendado alguien de mucha confianza, que tenga su consultorio cerca de tu casa o que sea el médico con quien trabaje normalmente tu obstetra o tu asesora de parto. Con cualquiera de estos antecedentes lo mejor es hacer una primera entrevista, ya sea antes de que nazca el bebé o cuando sea necesario pensar en un cambio, para conocerse y hacerle algunas preguntas tanto sobre cuestiones prácticas como sobre su forma de trabajar o de conducirse respecto a situaciones que ustedes consideren relevantes en relación con la salud de su hijo. En esa entrevista podrán ver si hay empatía entre ustedes, lo que sin duda es esencial; pero además es importante saber, si la distancia de su casa es razonable, si es fácil concertar citas con él, si el consultorio es lo suficientemente agradable y limpio, si la actitud del personal es amable, si hay un área para que los niños y bebés permanezcan entretenidos durante la espera, también si lo que cobra les resulta accesible —considerando que en ocasiones habrán de visitarlo varias veces en un mes—, y no estará de más averiguar qué preparación tiene y cuál es su especialidad y/o subespecialidad.

Ya como su pediatra, es muy importante constatar que responde a sus necesidades y sus dudas de manera satisfactoria. Serán muy significativos los siguientes aspectos:

- La duración promedio de sus consultas.
- Que revise personalmente a tu bebé.
- Que forme un vínculo con tu bebé y se interese por él durante la consulta.
- Que les dé tiempo para responder a todas sus preguntas y que lo haga de manera clara.

- Que no recete medicinas en toda ocasión, sino que dé lugar a los procesos autocurativos del bebé, siempre que esto sea posible.
- Que su actitud frente a temas relevantes, como circuncisión, vacunas, lactancia, patrones de sueño, disciplina, medicina alternativa y alimentación, sea abierta y respetuosa.
- Que sus diagnósticos sean atinados.
- Que sea localizable en todo momento y responda a sus llamadas de emergencia, aun por las noches o en días de descanso (sin que por ello abusen de esta posibilidad).
- Que en caso de ausencia canalice a sus pacientes con alguien más, para que no queden desatendidos.
- Que pueda recibir a tu bebé sin previa cita en casos de emergencia.
- Que les dé seguridad y los haga sentir en confianza.

Es muy importante que tu pareja y tú se sientan a gusto con el pediatra, pues sobre todo durante el primer año será básico llevar un seguimiento médico muy cercano de tu bebé, que no sólo te garantice la aplicación y registro de sus vacunas y su aumento de peso o de talla, sino también la asesoría en temas importantes como la alimentación, la dentición o el desarrollo psicomotriz de tu bebé, y por supuesto el respaldo para saber cómo actuar en caso de enfermedad, emergencias o contrariedades.

Con el tiempo irás aprendiendo a distinguir cuándo llamar al pediatra y cuándo no. Verás que tu instinto te advertirá si hay algo extraño en tu bebé, que difiera de su comportamiento habitual. Al principio, ante cualquier duda lo mejor será consultar al pediatra; poco a poco tendrás criterio más amplio para saber cuándo y con qué urgencia debe ser atendido tu bebé, dependiendo de los signos y síntomas que presente.

56

¿QUÉ DEBO HACER EN CASO DE...?

La siguiente lista de síntomas te puede ayudar a saber qué hacer en situaciones de crisis y cuándo llamar al pediatra.

Llanto permanente o irritabilidad. En general, los bebés de cero a seis meses pueden llorar de una a tres horas diarias, debido a hambre, sed, cansancio, cólicos, incomodidad o algún sentimiento de soledad. También puede ser normal que tengan un periodo de irritabilidad durante la noche. En todos estos casos, trata siempre de encontrar lo que necesita, y aun si no lo encuentras, mantente junto a tu bebé y cálmalo con movimientos rítmicos, suaves y voz tranquila. No estará de más que lo desvistas y revises si no tiene un torniquete de pelo, un cabello en el ojo o alguna otra cosa que lo esté lastimando.

Llama al pediatra si sientes que el llanto se vuelve excesivo (más de tres horas en un día).

Cólicos. Los cólicos constituyen una de las causas más comunes de llanto en los bebés de cero a cuatro meses. A reserva de que más adelante hay una pregunta sólo sobre este tema, considera que un cólico con llanto agudo de más de una hora seguida puede ser motivo para llamar al pediatra. Probablemente sea conveniente un examen físico cuidadoso para asegurarse de que el bebé no tenga una hernia, una intususcepción (irregularidad intestinal) o algún otro problema médico que necesite atención.

Fiebre superior a 38 °C o hipotermia. La fiebre no necesariamente es señal de enfermedad. Si tu bebé tiene temperaturas de entre 37 y 38 °C, prueba primero descubrirle un poco la ropa o darle baños de agua templada o fría. Esta fiebre podría ser resultado de que está creciendo o pasando por algún proceso natural de su cuerpo y puede estar un rato así sin problema, siempre y cuando no manifieste dolor o incomodidad. Si la fiebre persiste o aumenta, o detectas algún signo de malestar, llama al médico. Nunca permitas que la fiebre de tu hijo aumente a más de 39.5 o 40 °C. Es importante observar si además de la fiebre hay otros síntomas para decírselos al pediatra y poder facilitar el diagnóstico. También debes consultarlo si la temperatura de tu bebé baja más de lo normal (es decir, más de 36.5 °C).

Diarrea. Si el bebé es recién nacido, es difícil diferenciar la diarrea de las deposiciones normales, ya que la leche materna provoca deposiciones líquidas o semilíquidas hasta 10 veces al día. Sin embargo, pueden existir indicios como el olor fétido o el malestar en tu bebé, que podrían indicarte que algo anda mal. Ante cualquier duda consulta a tu pediatra, porque la diarrea puede causar deshidratación y debes asegurarte de que esto no suceda. Entretanto, no dejes de darle líquidos a tu bebé (de preferencia leche materna o, si ya está en su dieta, agua o jugo natural de manzana o alguna otra fruta suave para el estómago). Come arroz o dáselo directamente si ya puede comerlo; esto ayudará a apretarlo.

Estreñimiento. La constipación puede ser normal en los bebés lactantes hasta por cinco días consecutivos, pero desde el cuarto día ya puedes consultar al pediatra. Entretanto come mucha papaya, ciruelas pasas, avena y/o aceite de olivo, o dáselos directamente a tu bebé, si ya puede comerlos. Si después de cinco días las cosas no mejoran, tu pediatra podrá sugerirte qué hacer. En principio, mientras no haya sangrado en el pañal o esfuerzo de tu bebé al evacuar, no hay de qué preocuparse. Pero si tu bebé empieza a padecer de estreñimiento con frecuencia, coméntalo con tu pediatra pues podría ser manifestación de algún trastorno mayor. Háblenlo y tengan en la mira lo que puede estar ocurriendo con tu bebé.

Vómito. Hay tres tipos de vómito o formas de devolver la leche en tu bebé que debes aprender a diferenciar. El primero y el más inofensivo es la regurgitación, que es un poco de leche entrecortada que sale sin esfuerzo ni dolor de la boca del bebé, por haber tomado mucha leche. No te debe preocupar, excepto porque es mejor acostar a tu bebé de lado y hasta después de que haya sacado el aire o cualquier posible regurgitación, para evitar todo riesgo de ahogo. El segundo es el reflujo, que es como la regurgitación pero más frecuente e intenso, y puede venir acompañado de jugo gástrico, acidez y dolor para el bebé (de ellos hablaremos en otra pregunta). Y los vómitos propiamente dichos, en los que el alimento es expulsado desde el estómago de forma más violenta, en gran cantidad y con mal olor, precedido de náusea y arqueo. Los vómitos reiterados, y más aún si están asociados a diarrea, pueden llevar pronto a tu bebé a un cuadro de deshidratación. Si tu hijo vomita varias veces en un día, deberás consultar al médico de inmediato. Entretanto, procura mantenerlo hidratado.

Falta de apetito. El apetito de tu bebé puede variar a menudo, pero si pierde el apetito por más de dos días o se muestra desinteresado al amamantarlo o a la hora de comer, debes consultar al médico, pues podría ser un síntoma de una enfermedad que está evolucionando. Otras causas de que un bebé no quiera comer se analizaron en la pregunta número 43.

Secreción nasal y/o tos. La secreción nasal puede ser un

síntoma de catarro, resfrío, fiebre o alergias. En principio, forman parte de los procesos naturales del cuerpo y no hay por qué cortarlos, excepto si empiezan a causar demasiada molestia o vienen acompañados de fiebre alta. Por si las dudas, consulta a tu médico o pediatra. También consúltalo si tu bebé tiene tos persistente y sobre todo si está acompañada de fiebre o si le impide una respiración normal. Entretanto, para cualquiera de los dos casos, si estás amamantando puedes sacarte un poco de leche, ponerla en un gotero esterilizado y vaciar medio gotero en cada una de las fosas nasales de tu bebé, varias veces al día. Al principio no será muy agradable hacerlo, pero esto le ayudará a descongestionarse y le dará anticuerpos locales. Es muy efectivo y puede llegar a ser más que suficiente.

Dolor o secreción en el oído. Si tu bebé está muy irritable o llora más de lo habitual, tiene fiebre o diarrea y lo ves agarrar, tirar o dar vuelta a sus orejas constantemente, puede ser señal de que le duele el oído. Llama de inmediato al pediatra, pues puede tratarse de una inflamación o infección. También llámalo si ves cualquier secreción en la oreja de tu bebé. Si es muy agudo el dolor y no localizas al pediatra, intenta calmarlo con aquello que habitualmente usas para bajarle la temperatura. No le pongas nada si no es bajo prescripción médica.

Rozaduras con piel demasiado lastimada. Los signos clásicos de las rozaduras son inflamación e irritación en las pompas y/o el área genital, con una leve coloración rojiza. A veces las rozaduras se vuelven más fuertes, con el color rojo más encendido o con llagas en la piel. Esto puede deberse a deposiciones ácidas ocasionadas por algo que comió (él o su mamá que lo amamanta), por ejemplo mango, jitomate o algún cítrico; o a deposiciones frecuentes y ácidas ocasionadas por el cambio de pH en la saliva del bebé, debido a la dentición. En general, la mejor forma de evitar las rozaduras es la higiene cuidadosa, un cambio frecuente de pañal y la ventilación de la zona para evitar el exceso de humedad y calor, además del uso de pomadas locales especiales para ello o remedios caseros. Llama al pediatra si hay presencia de protuberancias o granitos de algún color en la zona genital de tu bebé, pues puede tratarse de alguna infección por hongos (como candidiasis) o bacterias.

57

¿QUÉ SON LOS CÓLICOS?

Casi todos los bebés pasan por periodos de dolor abdominal que no son causados por ningún problema médico del tipo de una hernia o una infección, sino que se deben a la inmadurez de su propio sistema digestivo: los cólicos. Frecuentemente se inician a la misma hora cada día y para la mayoría de los bebés los malestares más intensos ocurren en las primeras horas de la noche. El ataque inicia generalmente de una manera repentina; las piernas se doblan sobre el abdomen, el vientre se distiende y las manos se cierran en puños. Entonces el bebé deja de ser ese ser pacífico y callado que poco antes dormía y observaba todo tan tranquilo, y pone a girar a todos los que están a su alrededor con un fuerte llanto que no se puede consolar. El episodio puede durar desde varios minutos hasta más de una hora, y generalmente termina cuando el bebé cae exhausto o cuando defeca o pasa el gas.

Los cólicos constituyen la causa de ese tipo de llanto que puede llegar a hacerte sentir angustiada o frustrada, y lo mismo a tu pareja, porque generalmente ocurren en la hora más cansada del día. El pediatra coincidirá en que la causa no es grave, pero tú verás muy afectado a tu bebé e inusualmente insensible a cualquier estimulación.

Los cólicos tienen algo de enigmático. A algunos bebés les sucede sólo muy esporádicamente y en otros puede ser todos los días. Unos experimentan una incomodidad mayor por los gases intestinales, otros lloran porque están siendo amamantados y no toleran algunos alimentos en la dieta de la madre, y algunos más lloran porque son alimentados con biberón y no toleran las proteínas de la leche de fórmula. Pero a pesar de los matices en cada uno y del dolor abdominal obvio, los bebés que sufren de cólico comen y suben de peso normalmente.

Cabe mencionar que los cólicos empiezan a afectar a los bebés inicialmente durante la tercera semana de vida, y llegan a su nivel más álgido en algún momento entre la cuarta y la sexta semanas. Normalmente desaparecen entre el tercer y el cuarto mes, pero si el cólico todavía es fuerte hacia las 12 semanas, cabría considerar otro diagnóstico.

Aquí hay algunos tips para atenuar los cólicos. Considera que para cada bebé funciona algo diferente. Intenta diferentes recursos y pon atención a lo que aparentemente funcione mejor con el tuyo:

- Carga mucho a tu bebé y no lo dejes llorar solo. Su ansiedad sólo agravaría las cosas.
- Mécelo suavemente en posición vertical, a ver si esto le ayuda a pasar el gas.
- Cántale.
- Una toalla caliente o una botella con agua caliente en el abdomen puede ser de ayuda. Sólo fíjate que no pueda quemarlo.
- También un buen baño de agua caliente a tibia puede funcionar.
- Intenta acostarlo boca abajo sobre tu propio brazo, en tus piernas o en la cama. Hazle masaje y mécelo.
- Paséalo en coche o en carriola.
- Tu pediatra podría sugerirte algún tipo de gotas si los cólicos son muy fuertes en tu bebé.
- Tómate un respiro. Haz relevos con tu pareja o con alguien más.
- Si lo estás amamantando, verifica tu dieta. Los lácteos, el coco y las nueces, por ejemplo, suelen caerles muy pesados a los bebés.

58

¿QUÉ ES EL REFLUJO?

En la zona inferior del esófago hay una parte más estrecha, llamada esfínter esofágico inferior, que es un anillo de músculos que funciona como una especie de válvula, la cual se abre para permitir el ingreso del alimento hacia el estómago y luego se cierra para impedir la salida del mismo. Cuando esta válvula no funciona correctamente, tanto el alimento como parte de los jugos gástricos que existen en el estómago suben por el esófago y llegan muchas veces hasta la boca, produciendo regurgitaciones frecuentes, la mayoría de las veces molestas para el bebé.

Generalmente el reflujo se debe a la falta de fuerza en los músculos de ese anillo, y a la incapacidad de cerrarse tras el paso de la comida, lo que a su vez es reflejo de inmadurez en el aparato digestivo del bebé. Pasados los seis meses, el problema suele corregirse espontáneamente, debido a que éste es el momento en el que el bebé introduce los sólidos en su dieta. Por su propio peso, los sólidos dificultan que los líquidos se regresen como antes. Los seis meses son también la etapa en que el bebé adquiere la habilidad de mantenerse en una posición más erguida y esto también impide que los alimentos se devuelvan.

Además de ser molesto para el bebé, el reflujo puede tener consecuencias en su salud y su nutrición, porque puede generar lesiones en el esófago, debido a que es una parte del sistema digestivo que no está preparada para el paso de sustancias ácidas. Esto a su vez puede ser causa de posible retraso en el crecimiento por la falta de los nutrientes necesarios para el bebé. Sin embargo, hay medidas preventivas sencillas. En bebés de hasta seis meses de vida es posible tratar el reflujo simplemente modificando la frecuencia de la dieta, haciendo comidas de menor cantidad y más frecuencia, y a través de cambios posturales, evitando la posición totalmente horizontal al acostarlos y en general teniéndolos más bien levantados que acostados. Cuando esto no aminora el problema, se puede recurrir a la medicación.

El reflujo desaparece en la mayoría de los casos entre los 6 y 12 meses de edad, justo cuando los músculos del sistema digestivo pueden hacer su función y realizar bien su trabajo. Si el problema persiste consulta al pediatra.

¿EN QUÉ OTROS CASOS DEBO LLAMAR AL PEDIATRA?

Secreción ocular. Si alguno o ambos ojos de tu bebé presentan irritación, lagrimeo o secreciones parecidas a lagañas o que forman costras, debes consultar al pediatra, pues podría haber obstrucción del conducto lagrimal, orzuelos, reacciones alérgicas, conjuntivitis virales o bacterianas y otras enfermedades. No le pongas nada si no es bajo prescripción médica.

Erupciones cutáneas o manchas en la piel. Las erupciones y manchas en la piel de tu bebé pueden ser indicativos de enfermedades eruptivas o de reacciones alérgicas. Si notas algo extraño en la piel de tu bebé, visita a tu pediatra. Si es un recién nacido, consulta la pregunta número 22. No le pongas nada en la piel si no es bajo prescripción médica.

Reacción a picadura de insectos. Las reacciones alérgicas a picaduras de insectos (hinchazón, enrojecimiento o coloración azulada o negra de la piel) también son motivo de consulta al pediatra. Ante el caso de picaduras de abejas o avispas, lo primero que debes hacer es quitarle el aguijón para que no continúe inyectando veneno y consultar posteriormente al pediatra.

Exposición prolongada de la piel al sol o insolación. La luz del sol es importante para la síntesis de vitamina D a través de la piel. Sin embargo, hoy se sabe que la exposición en exceso al sol es nociva para la salud, y más en la delicada piel de un bebé. Por eso, los bebés menores de seis meses deben ser resguardados de toda exposición a los rayos ultravioleta, ya que su piel es muy delgada y es incapaz de producir melanina para protegerla. Si vas a exponer a tu bebé al sol evita que sea en el horario de más riesgo (entre las 10 y 16 horas), vístelo con ropa adecuada, ligera y con sombrero, y cubre su piel con algún bloqueador solar hipoalergénico y especialmente hecho para bebés. Fíjate en las instrucciones. Una quemadura solar accidental a esta edad puede ser considerada emergencia médica.

Movimientos oculares extraños. Si luego de los tres meses de edad los ojos del bebé tardan en moverse, o si el movimiento no es constante cuando intenta mirar algo, tanto de forma horizontal como vertical, debes consultar al médico.

Alteración del ritmo respiratorio. Si la respiración de tu bebé es rápida, ruidosa, sibilante o si es lenta, entrecortada e irregular y al hacerlo su piel se mete mucho hacia sus costillas, debes consultar inmediatamente al médico.

¿QUÉ DEBO HACER EN CASO DE EMERGENCIAS?

Es muy importante que, además de los teléfonos de tu pediatra, tengas siempre a la mano los números necesarios
para cualquier emergencia relacionada con tu bebé, como
los de algún servicio telefónico de urgencias, los del hospital infantil más cercano y los de tu agente de seguros —si es
el caso—, para saber cómo proceder en situaciones graves.

También sería de gran valor que pudieras tomar algún
curso de primeros auxilios para bebés y niños, así como uno
sobre reanimación cardiopulmonar. Piensa que de ahora en
adelante vas a estar en contacto con niños durante varios
años más, y estos conocimientos te podrían ser útiles no
sólo con tu hijo, sino con el de alguien más.

Por lo pronto, mira estos casos para saber qué situaciones
deben ser consideradas emergencias y qué medidas inmedia-
tas tomar. En todos los casos, recuerda que frente a cualquier
situación de gravedad, mantener la calma es fundamental.

Ingestión de algún tóxico. Si ves o sospechas que el bebé
ha ingerido algún elemento tóxico, debes llamar a emer-

gencias lo más rápido posible. Todas las intoxicaciones deben ser tratadas con urgencia.

Ingestión de un cuerpo extraño. La ingestión de cuerpos extraños es muy frecuente en bebés y niños. En muchos casos puede provocar ahogos que deben ser asistidos inmediatamente por ti para luego llamar al pediatra o a urgencias, dependiendo de la gravedad del incidente. Pero aun cuando el objeto ingerido no produzca ahogo debes llamar al pediatra para evaluar si esto puede provocar problemas posteriores.

Dificultad para respirar o asfixia. Si el bebé presenta aleteo nasal, coloración azulada en labios, mucosas y extremidades y hundimiento de la piel entre las costillas, debes comunicarte inmediatamente con emergencias médicas. En caso de que tenga atorado algún alimento u objeto, nunca metas un dedo en la garganta de tu bebé para sacarlo, pues podrías empujarlo más y provocar que se ahogue. Si la obstrucción es ligera, el bebé podrá toser, llorar o respirar. Si es grave, no podrá toser, respirar ni emitir ningún sonido. Entonces deberás colocarlo boca abajo y darle golpes secos entre los omóplatos hasta que salga la obstrucción; llama a una ambulancia de inmediato. Para casos como éste sirven los cursos de primeros auxilios y reanimación cardiopulmonar.

Quemaduras. Si tu hijo se quema con gotas de aceite hirviendo o por el derrame de algún líquido caliente, seguramente tendrá una quemadura de primer o segundo grado. Para aliviarlo, lo primero es refrescar la zona con agua fría durante varios minutos seguidos. La piel podría seguirse quemando sola si se calentó mucho. Mantén la quemadura bajo el chorro de agua fría un buen rato. Nunca soples una quemadura. Tapa la herida con gasa esterilizada. Una bolsa de plástico limpia puede funcionar como un buen vendaje si no tienes nada más a la mano. No le pongas nada más porque podría quedarse pegado a la piel lastimada; tampoco intentes despegar nada que se le haya quedado pegado por el incidente. Si la quemadura es grande o profunda, lleva a tu hijo al hospital.

Traumatismo de cualquier índole. Los cortes, golpes y caídas fuertes, son motivo de asistencia inmediata y de consulta urgente con el médico. En cualquier caso, ten siempre en casa una buena pomada multiusos, para los golpes —de flores de Bach, árnica o alguna otra—. Ten también una bolsa de hielo ya separada desde antes en el congelador, para casos como éste. Si tu bebé no mueve un dedo, mano, pie, pierna o cualquier otra parte lastimada después del golpe, podría tener alguna fractura. Si se golpeó en la cabeza deberás mantenerlo en observación, incluso aunque no haya chipote, y no deberás permitir que se duerma antes de una hora. Ante cualquier mínima duda hay que llevarlo a revisión médica.

Convulsiones. Las convulsiones son contracciones repentinas, violentas e incontrolables de un grupo de músculos que provocan movimientos violentos en los brazos, cuerpo y piernas del bebé. Son causadas por un funcionamiento anormal y repentino del cerebro. Pueden ser muchas las razones que causen convulsiones al bebé y en todos los casos es necesaria la atención médica inmediata.

61

¿CUÁNDO SALEN LOS DIENTES Y CÓMO LE FACILITO EL PROCESO A MI BEBÉ?

El primer diente de tu bebé podría empezar a salir en algún momento entre el sexto y el noveno mes. Generalmente sale primero uno o los dos dientes centrales de abajo. Luego brotan los dos dientes centrales de arriba; más adelante los siguientes dos dientes superiores y los siguientes dos inferiores; más tarde los colmillos o premolares, y finalmente los molares. Esto se basa en promedios estadísticos, pero considera que el proceso de dentición es uno de los más irregulares en el desarrollo de los bebés. A algunos les salen los dientes en otro orden, otros llegan a nacer con un diente, y a otros más el primero les sale después del primer año. De todas formas, si tienes dudas sobre la aparición de los dientes en tu bebé, coméntalo con tu pediatra o incluso con un odontopediatra.

Ahora bien, para la mayoría de los bebés este proceso viene acompañado de varios síntomas, como fiebre, irritabilidad inusual, falta de sueño, ansiedad por llevarse objetos a la boca, una salivación más abundante, salpullido alrededor de la boca por el cambio de pH en la saliva, deposiciones más ácidas y rozaduras en la piel, por el mismo cambio de pH, principalmente. Estos síntomas también pueden presentarse por otras razones, que vale la pena descartar con el pediatra antes de diagnosticar que son los propios síntomas de la dentición. También puedes verificar que el proceso de dentición está comenzando si observas que sus encías se encuentran hinchadas o inflamadas, o si al pasar un dedo por ellas notas un pequeño bulto (en especial adelante del maxilar inferior) y si al hacerlo tu bebé se siente aliviado por el contacto o demasiado sensible al mismo.

Para aliviar las molestias de tu bebé durante el proceso de dentición, considera estos tips:

- Piensa dos veces antes de quitarle algún objeto que esté chupando para aliviar su sensación de ansiedad. Si realmente no hay problema en que se lo lleve a la boca, aunque no sea para tal fin, mejor déjaselo. De lo contrario protestará enérgicamente y será más difícil calmarlo.
- Ten a la mano mordederas de plástico de las que sí están hechas para este fin. Hay de muchos tipos; prueba con diferentes modelos para ver cuál le acomoda mejor.

- Ofrécele alimentos fríos como gelatina, nieves caseras (no muy dulces) y líquidos fríos. Chupar una zanahoria o la punta de un bolillo también puede ser un alivio.
- Frota suavemente sus encías con un dedo limpio o una cuchara pequeña y fría o gasa mojada para desinflamar la zona y aliviarlo un poco.
- Si todos estos recursos no parecen ser suficientes, consulta al pediatra para considerar la administración de algún analgésico o antiinflamatorio, o bien, de alguna solución tópica líquida o en gel de los que venden especialmente para esto, fijándote en que no contenga xilocaina (porque puede intoxicar), alcohol ni azúcar. Estas fómulas están elaboradas con sustancias descongestivas, que se adhieren a las encías provocando un gran alivio. Pero en general es mejor evitarlas y permitir que, en la medida de lo posible, sea el cuerpo del bebé quien resuelva la situación.
- En etapas como ésta, en que tu bebé no comprende lo que le está ocurriendo, es muy importante que sienta que su mamá y su papá están allí a su lado, confortándolo de alguna manera.

Por último, en relación con el cuidado de los dientes cabe mencionar que muchos pediatras recomiendan la administración de flúor a partir de los seis u ocho meses para disminuir los riesgos de caries dentales en el futuro, aunque también hay motivos para no hacerlo; consúltalo con el tuyo. Además de esto, para su higiene será conveniente que le pases un trapito húmedo por los dientes y, más adelante, empezar a usar sus primeros cepillos dentales, que deberán estar siempre limpios y ser apropiados para su edad. No deberás lavarlo con pasta mientras no sepa hacer buches y escupir. Pero sí podrás usar agua con un poco de bicarbonato diluido, y esto lo limpiará muy bien.

62

¿CUÁL ES LA MEJOR FORMA
DE ACOSTAR A MI BEBÉ?

En principio, siempre que el bebé esté caliente y cómodo, podrá dormir en cualquier parte. Sobre todo durante el primer mes, es recomendable envolverlo bien en una cobija, para que se sienta apretado y protegido, pero sin cubrirle la cabeza, para que pueda respirar bien. Cuando ya sea muy inquieto será mejor no envolverlo así porque se puede enredar en las cobijas.

En la época de nuestras madres se tenía la costumbre de acostar a los bebés boca abajo. Ahora, se ha reconocido que la mejor postura para prevenir la muerte súbita del recién nacido es durmiéndolo boca arriba. Pero en este caso, deberás mantenerte al pendiente por si se le regresa la leche. Cuando tu bebé tenga cuatro o cinco meses aprenderá a girarse solo y entonces podrá encontrar por sí mismo la posición más cómoda para él. Algunas recomendaciones:

- Los bebés deben dormir en superficies firmes, limpias, en ausencia de polvo, humo, almohadas, muñecos o cualquier otro objeto que pueda asfixiarlos.
- El bebé no debe dormir nunca sobre una almohada o una cobija muy mullida.
- El colchón debe estar bien encajado dentro de la cuna o tocando la pared sin ningún espacio donde el bebé pueda quedar atrapado y asfixiarse.
- Prefiere siempre las mantas de algodón y fibras naturales.
- Los bebés no deben dormir nunca en sillones o sofás. Tampoco en el regazo de algún adulto.
- Nunca debes cubrir la cabeza del bebé con nada que pueda dificultar su respiración.
- Evita abrigar demasiado al bebé y tener la habitación demasiado caliente. Lo mejor es una temperatura constante de unos 16 a 20 °C.
- Los moisés son muy cómodos porque en ellos los bebés pueden ser transportados con mucha facilidad.
- Si hay riesgo por insectos o animales, ponle una malla de red.
- De día no hay por qué bloquear el paso de la luz. De noche es muy importante que la habitación esté oscura.
- Si su cuna está muy fría cuando vas a acostarlo y él

viene de estar muy calientito contigo, procura calentar un poco su colchón. Colocar una botella de agua caliente unos cinco o 10 minutos antes sirve muy bien, sólo asegúrate de retirarla antes de acostar al bebé.

- Más allá de la hora de dormir, cuando quieras dejarlo acostado despierto, practica de vez en cuando la postura boca abajo, con la cabeza de lado, para que ejercite su cuello.

63

¿CÓMO SÉ SI ESTÁ DURMIENDO LO NECESARIO?

Los parámetros de sueño pueden variar mucho de un bebé a otro, pero se han elaborado estadísticas que promedian la cantidad de horas recomendables por edad. Mira este cuadro:

Horas de sueño para cada edad *				
Edad	*Número de siestas*	*Duración total de horas de siesta*	*Horas de sueño nocturno* (en promedio y con interrupciones)	*Total de horas de sueño nocturno y siestas*
Recién nacido	16-18 horas diarias, repartidas en unos 6 a 7 periodos de sueño.			
1 mes	3	6-7	8 ½-10	15-16 horas
3 meses	3	5-6	10-11	15 horas
6 meses	2	3-4	10-11	14-15 horas
12 meses	1-2	2-3	11½-12	13-14
OJO: Horas de sueño promedio. Dormir dos horas más o menos se considera normal.				

* *Fuente:* Elizabeth Pantley, *Felices sueños,* McGraw-Hill, Madrid, 2002.

Independientemente de que este tipo de tablas es sólo una referencia y de que cada bebé es diferente, para que tú puedas saber si el tuyo está durmiendo lo suficiente deberás aprender a distinguir los síntomas de falta de sueño, que son: frotamiento de ojos, irritabilidad, adormilamiento, ensimismamiento, poca atención, hiperactividad y nerviosismo.

Por otro lado, si tu bebé duerme más, hay que verificar que su crecimiento sea normal y que cuando esté despierto sea activo y atento. De lo contrario, consulta a tu médico.

64

¿CUÁL ES LA IMPORTANCIA DEL SUEÑO Y SUS HORARIOS?

El sueño de los bebés cubre un papel fundamental en su crecimiento porque contribuye al desarrollo tanto del cuerpo como de sus funciones cerebrales, de una forma que nunca en su vida, después del vientre materno, volverá a ser tan intensiva y vertiginosa como a esta edad. A través del sueño, los bebés descansan, regulan su energía, asimilan y organizan lo visto y aprendido, maduran física y psíquicamente, e inician y ejercitan su independencia del mundo exterior y de sus padres, por un tiempo que es variable según su edad y conducta.

En la medida en que logres establecer y respetar poco a poco los patrones de sueño de tu bebé como parte esencial de sus ciclos biológicos, su organismo se adaptará mejor a ellos y todos los beneficios que el sueño procura le estarán mejor garantizados. Pero ¿cómo lograrlo?

Primero que nada hay que entender que el reloj biológico de los bebés empieza a madurar alrededor de las seis y nueve semanas de vida y no comienza a regularse sino hasta los cuatro o cinco meses. Antes de eso es muy poco probable que tu bebé siga patrones estables y duraderos. Conforme pase el tiempo, el bebé conseguirá estar despierto la mayor parte del día y dormido la mayor parte de la noche. Cinco horas seguidas de sueño nocturno es un primer gran logro que se puede empezar a alcanzar hacia los cuatro o cinco meses. A partir de los nueve o 10 meses el bebé ya podrá acostarse y levantarse más o menos a la misma hora todos los días, con un aumento paulatino de la duración de estos periodos, y hacia los 12 meses es posible que duerma unas 11 o 12 horas por la noche, despertándose todavía para comer o tomar algo, pero con mucha mayor facilidad que antes para volver a conciliar el sueño nuevamente.

De esta froma, la primera premisa para establecer los horarios de sueño de tu bebé es recordar que su reloj biológico necesita madurar. Debes saber que mientras eso sucede será muy importante que tú o su papá lo acompañen todos los días hasta que logre conciliar el sueño. En otras palabras, conviene establecer primero los patrones de sueño de tu bebé y luego pensar en enseñarle a dormir solo, y no al revés.

65

¿CUÁNDO Y CÓMO LE ENSEÑO
A MI BEBÉ A DORMIR SOLO?

El mejor momento para enseñar a dormir solo a un bebé es cuando sus patrones de sueño ya están establecidos y cuando al llegar la hora de dormir él puede conciliar el sueño prácticamente sin ayuda, porque su cuerpo lo espera, lo necesita y lo alcanza en muy poco tiempo. Pero esto que suena tan sencillo, a veces es muy difícil de alcanzar. Analicemos por qué.

En los adultos, el ciclo normal de sueño tiene varias etapas durante una noche, las cuales pasan por un tiempo de sueño ligero a otro de sueño profundo y a momentos de soñar. Entre estas etapas del sueño a veces llegamos a despertarnos, pero no lo hacemos del todo; generalmente sólo movemos nuestras cobijas o cambiamos de posición y a la mañana siguiente no solemos recordarlo. De acuerdo con William Sears y Elizabeth Pantley, quienes han escrito mucho sobre el sueño en los niños, con los bebés pasa algo similar, sólo que sus ciclos son más cortos y más frecuentes, por lo que tienen más instantes de despertar. Como para ellos no resulta automático el volver a conciliar el sueño, y como, por otra parte, es difícil para los padres saber si el bebé despertó por hambre, por alguna incomodidad, o simplemente porque tuvo uno de estos breves instantes de despertar, terminan a su lado hasta que se vuelven a dormir. Así tiene que ser: desde que nacen los acompañamos porque no debemos permitir que lloren o se sientan abandonados, y conforme pasa el tiempo, ellos se acostumbran a nuestra presencia, asocian ciertas cosas al proceso de quedarse dormidos, como por ejemplo el pecho de su mamá, el biberón, el arrullo, el ser mecidos o cargados, y por ello creen que las necesitan para volverse a dormir: no saben hacerlo de otra forma y, por ello, si intentamos dejarlos solos, lloran. De un modo natural, durante los primeros días, semanas y meses así suelen acompañar las madres o padres a sus hijos para que se queden dormidos, actuando bajo la fuerza de un instinto que ha asegurado la supervivencia de la especie desde el principio de los tiempos.

Pero en cierto punto esta dependencia del bebé hacia la persona que le ayuda a dormir tiene que terminar y se debe conseguir de otro modo que el bebé concilie el sueño —no sólo por su propio bien, sino también por el de sus papás, que necesitan el descanso y el tiempo—.

Llegar a esa situación en la que dormirse sea para el

bebé más importante que comer, jugar o sentirse acompañado, y dar fin a esas asociaciones y a esta imperiosa necesidad que suelen llegar a crear los bebés para estar con alguien —generalmente su mamá— antes de dormirse, es un tema controvertido sobre el que se han ofrecido soluciones diversas, muchas de ellas opuestas entre sí.

66

¿EN QUÉ CONSISTE EL MÉTODO DE DEJAR LLORAR AL BEBÉ PARA ENSEÑARLE A DORMIR?

Entre los caminos y soluciones que se han planteado como respuesta a la necesidad de enseñar a dormir solos a los bebés, se encuentra el método de Eduard Estivill, autor de *Duérmete niño,* un libro que en pocas páginas propone que los bebés a partir de los seis meses ya pueden tener patrones fijos de sueño y dormirse solos, y que en caso de no hacerlo pueden ajustar sus ciclos biológicos y rehacer sus malos hábitos de sueño en cuestión de días. El controversial método implica que, dentro de ciertos parámetros, los padres dejen llorar solos a los bebés.

Para enseñar a dormir solos a los bebés, Estevill contempla algunas medidas para los primeros meses de vida, que van desde establecer una hora de sueño fija para todos los días, crear una serie de rutinas previas al momento de dormir que deben repetirse a diario, hacer dormir al bebé en un cuarto aparte desde los tres meses, asegurarse de que no necesite un cambio de pañal o de que no tenga frío o calor, darle las buenas noches y finalmente apartarse de él para dejarlo dormir solo. Si el bebé llora, ya desde los tres meses se propone dejarlo un momento para ver si se calma solo y, si no, regresar a acompañarle sin levantarlo de la cuna.

El método se modifica a partir de los seis meses. Si para entonces el bebé sigue sin poder dormirse solo —o incluso para bebés mayores cuyos padres estén interesados en adoptar el método—, los autores recomiendan mucha firmeza y seguridad para tomar medidas más radicales. Sugiere llevar al cuarto del bebé algún muñeco, figura, móvil, etcétera, que simbólicamente cuidará al bebé en ausencia de los padres y decirle al pequeño que ahora así será. Si el niño emplea chupón, sugiere dejar varios sobre la cuna para que pueda encontrar alguno durante la noche. Una vez terminadas todas las rutinas previas al sueño (y entre las cuales, por cierto, los horarios de comida juegan un papel clave), ya se puede acostar al bebé, apartarse de él y tras unas breves palabras de buenas noches, salir del cuarto.

Una vez que el bebé empiece a llorar —y aquí reside la parte más controversial del método—, los padres deben permanecer alejados de la habitación y volver a ella en función de una tabla de tiempos, expresados en minutos, de acuerdo con la cual las vueltas permitidas de los padres al cuarto del bebé deberán volverse cada vez más espaciadas, a medida que pase el tiempo. Cuando toque acudir a consolar al niño, se recomienda que lo haga uno solo de los padres, que mantenga una distancia que impida que el bebé lo toque, y explicarle (en no más de 10 segundos) que sus padres no lo han abandonado y que únicamente le están enseñando a dormir.

Vale la pena hacer hincapié en esto: los padres deberán ser indiferentes a gritos, llantos, pataletas, vómitos y a cualquier demanda que el bebé manifieste si ya sabe decir algunas palabras. Sus vueltas estarán autorizadas sólo en estricto apego al reloj e independientemente de lo que esté sucediendo con el bebé. Por lo demás, la misma secuencia de hechos debe repetirse cada vez que el bebé se despierte a media noche.

El método contempla que inicialmente el bebé no dejará de llorar, pero que, en la mayoría de los casos, después de unas cuantas vueltas, finalmente lo hará. Los primeros días habrá que acudir muchas veces, y con el paso del tiempo esto se irá reduciendo hasta que en un punto el bebé no llorará ni siquiera al principio y habrá aprendido a dormir solo.

El método de Estevill les ha funcionado a muchos padres de familia porque, en efecto, en casi todos los casos los bebés terminan por rendirse ante su nueva situación; el cansancio los vence y después de varios días o semanas la rutina de sueño y los ciclos biológicos quedan establecidos. Entonces los padres se sienten muy reconfortados porque de ahora en adelante ese asunto quedó resuelto y recuperaron algo que, sin lugar a dudas, es muy importante: su propio tiempo. Pero ¿a costa de qué?

67

¿CUÁLES SON LOS ARGUMENTOS
EN CONTRA DE ESTE MÉTODO?

De acuerdo con su autor, más de 90 por ciento de los padres que deciden emplear el método de *Duérmete niño* terminan llevándolo a cabo con éxito. El otro porcentaje, sin embargo, hemos de suponer que corresponde a padres que sucumben antes de alcanzar el objetivo, porque hay bebés que quizá lloren muy poco en el proceso, pero hay otros que se rebelan con increíble fuerza y los padres no pueden contra ellos. Evidentemente, después de un episodio así, tanto los bebés como los padres quedan más confundidos que antes, y retomar el camino natural para enseñarles a dormir es más costoso en tiempo y energía.

Más allá de eso, el método de Estevill, que está en la línea de los métodos conductistas de crianza de Valman y Feber, y que por cierto ellos propusieron por primera vez, también ha sido muy criticado por diversos especialistas. Mira sus argumentos:

- Es un método cruel que, al evitar el contacto y al utilizar la rigidez, ocasiona una enorme frustración, desesperanza y ansiedad en el bebé.
- El método reprime la necesidad del bebé de sentirse seguro y protegido y lo priva del contacto físico y amoroso de sus seres más importantes.
- El bebé no sabe contextualizar el presente en un marco de tiempo más amplio y vive el trance como un verdadero abandono.
- Desde la perspectiva de los bebés, dejar de llorar no significa dormirse, sino adormecerse para evadir la pérdida de aquello que antes satisfacía su necesidad de contacto y cercanía. De hecho, esa necesidad primaria básica de encontrar amor y apoyo en otra persona, pasa a ser satisfecha simbólicamente dentro de él gracias a su chupón, su dedo, algún otro objeto y/o su propio mundo interior, justo en un momento en el que lo que necesita es la comprobación de que un sujeto existe más allá de sí mismo.
- El éxito del método depende de la medida en que el bebé deja de confiar en sus seres más queridos. En lo más profundo de su inconsciente podrá quedar una sensación de frustración e inseguridad porque su llamado no fue lo suficientemente importante para sus padres.

- Los trastornos del sueño, al igual que otros problemas del bebé, no pueden ser tratados como procesos independientes, sino como parte integral de toda una forma de sentir; por la misma razón, no se puede pretender resolver cualquier trastorno sin satisfacer a la vez el resto de las necesidades del bebé.
- Un método tan radical como éste solo puede violentar los procesos naturales del bebé y es de esperar que esto generará consecuencias en su psiquismo.
- El método de Estevill deja sin responder muchas preguntas prácticas. Por ejemplo, qué pasa si la rutina de sueño tiene que romperse por cualquier motivo durante la aplicación del método, o cómo resolver las pesadillas de los bebés o los periodos temporales de falta de sueño que se dan normalmente por problemas de salud o de dentición, y en general cómo responder a cualquier otra demanda real que tenga el bebé a media noche.

En suma, como señala Rose Jové, psicóloga clínica y psicopediatra española, hasta el momento no hay ningún estudio serio que avale todas las cifras y certezas que Estevill asegura en su libro, ni tampoco que demuestre que a los niños que se les ha aplicado este método no tengan secuelas psicológicas mayores. En cambio hay muchos estudios científicos importantes (Spitz, Harlow, Bolwby, Mckenna, por mencionar algunos) sobre lo perjudicial que es dejar llorar a los niños, no consolarlos y dejarlos solos. En este sentido, tampoco hay que soslayar que, además de causar mucha angustia en los bebés, el método también genera duda, tristeza, culpa o contrariedad en muchos padres.

68

¿CÓMO PUEDO ENSEÑAR A MI BEBÉ A DORMIR SOLO SIN DEJARLO LLORAR?

Volvamos sobre nuestros pasos. Habíamos dicho que el mejor momento para enseñar a dormir solo a un bebé es cuando sus patrones de sueño ya están establecidos y cuando al llegar la hora de dormir él puede conciliar el sueño prácticamente sin ayuda, porque su cuerpo lo espera, lo necesita y lo alcanza en muy poco tiempo. Según vimos, el método Estevill logra esto de modo muy apresurado y radical, con mucha angustia de por medio y en unos cuantos días, pero ¿qué otra forma hay de hacerlo? ¿Cómo lograrlo sin dejar llorar a tu bebé? ¿Cuánto tiempo puede tomar?

Varios autores especializados sobre el tema —como William Sears y Elizabeht Pantley— han escrito sobre esto, bajo la premisa de que si bien es prioritario no dejar llorar a los bebés, también lo es el que aprendan a dormirse solos por periodos cada vez más largos y dependiendo cada vez menos de sus padres para lograrlo.

En este caso, el establecimiento de las rutinas previas al sueño también adquiere un papel primordial. Éstas podrán ser tan fijas o tan flexibles como lo sea el estilo de vida de cada familia. Hay hogares muy estables y rutinarios donde las mismas actividades se pueden planear todos los días a las mismas horas más o menos sin problema. Otros, en cambio, tienen dinámicas más inestables. El punto es adaptar las rutinas del bebé a las necesidades familiares y de la pareja, pero con tendencia a ser lo más estables posible. Recuerda que mientras mayor estabilidad haya en los horarios del bebé, más pronto se establecerán sus ciclos biológicos. Si el bebé no pisa suelo firme y se duerme cada vez en un horario diferente y bajo distintas circunstancias, difícilmente podrá dar el paso a la independencia en ese sentido. Así, la estrategia más importante es establecer rutinas y seguirlas.

Por otro lado, las rutinas deberán ayudar al bebé a relajarse y a volver predecible la hora de irse a acostar. Es muy importante que la cantidad y la calidad de los estímulos bajen conforme se acerque la hora de ir a dormir. En este sentido, será conveniente evitar que alguna situación cotidiana como, por ejemplo, la hora de cenar de otros miembros de la familia o la televisión capten la atención del bebé o de quienes están con él; si hay mucha actividad en casa, lo mejor será aislarlo en un cuarto aparte con música suave y luz tenue.

En la medida de lo posible, las rutinas previas a la hora de dormir deberán incluir un tiempo de calidad para el bebé con su mamá o su papá, tras el cual pueda irse a dormir muy tranquilo. Estas rutinas deberán formarse con secuencias de actividades tipo: cena, baño, tiempo de calidad con mamá o papá (canciones de cuna, música suave, cuentos, cariños, masajes, mecida en mecedora, etcétera), última bebida de la noche en la cama y a dormir. Deberán ocurrir preferentemente en el mismo orden y a la misma hora.

Otro elemento clave al momento de formar los patrones de sueño de tu hijo son las siestas diurnas y sus horarios de comida, pues ellos también forman parte constitutiva de sus ciclos biológicos. En el caso de las siestas, es importante que procures hacerlo dormir mediante rutinas diferentes de las de la noche y, de ser posible, sin tenerle que dar pecho o biberón (por ejemplo, paseándolo, meciéndolo, etcétera). Si puedes lograr que las siestas de tu bebé y sus horarios de comida sean más o menos estables, podrás garantizar que a la hora de dormirse por las noches, el hambre y la irritabilidad por la falta del sueño diurno no serán un obstáculo.

Conforme pase el tiempo, la estabilidad de tu bebé en todos estos aspectos hará que la hora de dormir requiera cada vez menos tiempo. Si le toma mucho tiempo quedarse dormido es porque estas rutinas no están funcionando del todo bien. Así que empieza por ahí. Por este camino, llegará el día en que tu bebé ocupará muy poco tiempo en quedarse dormido, y ése será el momento de empezar a trabajar en la disociación de lo que hasta ahora habrá constituido el elemento clave para la hora de dormir: tu pecho o el biberón, y tu presencia o la de su papá (o su nana).

De acuerdo con Elizabeth Pantley, la mejor forma de hacerlo es enseñarle a tu bebé, justo cuando ya se está quedando dormido, que le puedes quitar el pecho o el biberón y no pasa nada. El chiste es enseñarle esto sin que el bebé llegue a llorar, para que no sienta que tiene que estar a la defensiva. Entonces tendrás que ofrecérselo nuevamente si se sobresalta, y volvérselo a quitar cuando se esté quedando dormido, varias veces. Paralelamente, esta misma estrategia deberás usarla en todos los despertares nocturnos de tu bebé y a la larga tendrá el mismo efecto positivo para ambos casos. Al principio el bebé repelará y querrá chupar de nuevo, pero la repetición sistemática de esta práctica, pausada y cuidadosa, durante varias o muchas noches seguidas, terminará por hacerlo desistir y accederá a quedarse dormido contigo ahí, pero sin estar chupando.

Este método también implica una o dos semanas de trabajo más arduo y de no poderte quedar dormida tranquilamente mientras el bebé toma pecho o te tiene junto a él, pero será un gran avance cuando lo logres, especialmente si puedes alternarte con el papá y el bebé aprende a dormirse con cualquiera de los dos.

A partir de ese momento, el siguiente paso será irse alejando poco a poco de él, empezando siempre con un momento de contacto muy estrecho y acostumbrándolo poco a poco a que en cierto momento tú te vas alejar un poco, aunque seguirás ahí cerca. Algún día ese "aquí cerca" será afuera de su cuarto —con la puerta abierta—. La duración de este proceso podrá ser muy variable, pero podemos calcular que oscilará entre los 12 y los 36 meses, dependiendo de la estabilidad de sus rutinas y de la perseverancia tuya y de su papá.

69

¿ES NORMAL QUE MI BEBÉ SE DESPIERTE
TANTO POR LA NOCHE?

Independientemente del procedimiento que se siga para dormir a los bebés durante la noche y de que éstos eventualmente aprendan a hacerlo por sí solos, se considera normal que un bebé se despierte en la noche por hambre, sed, frío, calor o incomodidad (cuando no por algún desarreglo en su salud), o por estar pasando por un instante de breve despertar en su ciclo de sueño, hasta los cinco años de edad —sólo que para entonces, conciliar nuevamente el sueño le resultará muy sencillo y, en la gran mayoría de los casos, ya podrán hacerlo solos—.

Hablando de los bebés, no prender las luces grandes del cuarto durante la noche, sino el foco más tenue posible, y no realizar demasiados aspavientos por el bebé que se despertó, constituyen el primer paso para fomentar su capacidad de volver a conciliar el sueño.

Otro paso muy importante, y más difícil de alcanzar, es el logro de una rutina estable que poco a poco cargue los horarios de comida del bebé hacia el día y el momento previo a irse a dormir —para que hacia la noche ya no tenga hambre—, y que incluya una o dos siestas diurnas, para que esto no le quite el sueño durante la noche, pero tampoco lo tenga demasiado nervioso. Las siestas del día son un buen recurso para regular el sueño nocturno. Si consideras que tu hijo podría dormir más y mejor tiempo durante las noches, reducir la duración de las siestas diurnas es una buena opción. No obstante, considera también que a veces duermen mejor durante la noche cuando durmieron bien su siesta.

Como sea, lo cierto es que una rutina establecida se refleja en una menor tendencia del bebé a despertarse y a necesitar alimento a media noche. Pero es difícil pensar que antes de los seis meses puedan alcanzarla.

Hacia los seis o siete meses, cuando el agua sola entre en su dieta, y en la medida en que él mismo la acepte, podrás empezar a ofrecerle agua en su biberón o vaso entrenador, en vez de cualquier otro líquido; esto le permitirá saciar su sed, además de que en el futuro terminará siendo un estímulo demasiado poco interesante como para despertarse por él. Para cuando tenga varios dientes, quitarle la leche de fórmula o el jugo en la noche, si toma, también será una medida preventiva contra las caries.

Así pues, sobre todo a partir de los seis meses, tú y su padre pueden fomentar que las necesidades de tu bebé se reduzcan durante la noche. Tú, particularmente, deberás intentar no ofrecerle el pecho o el biberón a la primera llamada, sino esperar un poco porque su llamado podría ser la señal de un instante de despertar, solamente, y acaso no haga falta nada más que esperar a que se vuelva a dormir con unas palmadas suaves en la espalda.

Recuerda que los instantes de breve despertar forman parte de los ciclos de sueño de cualquier bebé —como de cualquier individuo, sea cual sea su edad— y ello no constituye un problema, sino un factor biológico. El verdadero problema está en que, paralelamente, las madres y padres tenemos la necesidad de dormir. Solemos estar muy cansados por todo lo que implica la llegada de un bebé a nuestras vidas, especialmente después de varios meses de jornadas intensivas de cuidado y desvelo, y somos nosotros quienes ansiamos dormir toda la noche sin interrupciones para poder cumplir con nuestras obligaciones cotidianas. Pero no permitas que el tren de cansancio te absorba; toma las riendas de la situación para no volver a tu bebé más dependiente de ti y de esa asociación que le hace no querer dormir si no es contigo o con tu pecho.

Así pues, considera normal que tu bebé se despierte varias veces en la noche, pero recuerda que tú puedes encaminarlo para que reduzca sus necesidades nocturnas de alimento y compañía, apoyándote en el establecimiento de sus patrones de sueño y enseñándole a disociar éste de tu presencia, de una manera cercana y respetuosa (como se expuso en la pregunta anterior). Y por supuesto, también prevé, en la medida de lo posible, todos los factores que tienen que ver con su comodidad en la cuna o cama, y con su pijama y su pañal, para que no esté incómodo ni tenga frío o calor, y que su botella, muñeco preferido, cobija y/o chupón, si los necesita, estén a su alcance.

Por último, si tu bebé ya dormía mejor y ha vuelto a despertarse más que antes, puede ser que esté intranquilo por algún acontecimiento diferente en su vida: salida de dientes, un cambio de cuarto, de casa, viaje de alguno de los padres, llegada o partida de algún pariente cercano, o una otra actividad extraordinaria, en cuyo caso hay que tomarse el tiempo de calmarlo y esperar las noches necesarias para que se acostumbre a la nueva situación.

70

¿ESTÁ BIEN QUE EL BEBÉ DUERMA
EN LA CAMA CON NOSOTROS?

Sobre este punto también hay posturas encontradas. Queda claro que para Estevill el bebé debe dormir en su propia cama y su propio cuarto desde los tres meses. Pero de hecho, hay muchos autores menos radicales que también están en contra del *colecho* (la práctica de que los bebés duerman con sus padres). Los argumentos más importantes para hacerlo son tres: en primer lugar, la seguridad del bebé; en segundo lugar, que durmiendo con sus padres el niño puede volverse más dependiente e inseguro, y por último, que la presencia del bebé interfiere con la comodidad y la intimidad de los padres.

Pero estos argumentos no hacen mella a los que defienden la práctica del colecho, que son precisamente Sears y Pantley, pero también las mujeres de la Liga de la Leche, entre muchos otros.

Analicemos cómo estos autores responden a esos tres argumentos. Esto les servirá a ti y a tu pareja para tomar su decisión.

Primero cabe especificar que hay tres formas distintas para que el bebé duerma con los padres. La primera es tal cual, en la misma cama; la segunda es con una cuna especialmente diseñada para ir adosada a la cama de los padres, y la tercera es con una cuna normal, colocada junto a la cama con el colchón a la misma altura y el barandal abatible siempre hasta abajo, o incluso otra cama, pero individual.

Hablando de la seguridad, generalmente se teme que alguno de los padres pueda aplastar al bebé. Como dicen los autores de la crianza natural, esto no es ninguna nimiedad, pero de la misma manera que difícilmente caemos de la cama, es poco probable que acabemos encima de nuestro hijo.

Es un hecho que no conviene hacerlo en absoluto si se está bajo el influjo de alguna pastilla para dormir, si se han tomado drogas (fumar incluido), si se ha bebido alcohol, o si alguno de los dos padres es muy obeso. Pero esto hasta los más acérrimos defensores del colecho lo desaconsejan. Fuera de esos casos, es tan difícil pensar que se puede aplastar a un bebé que duerme junto a uno, como lo es el caerse de la cama. De hecho, es mucho más peligroso dormirse en un sofá con el bebé en el regazo, que compartir cama con él.

Ahora bien, están contraindicadas las camas de agua o las superficies muy mullidas, así como las almohadas, que pudieran sofocar al bebé. También se debe tener cuidado de que el bebé no pueda quedar atrapado entre la pared y el colchón, entre dos colchones o debajo de las cobijas. Pero cabe recordar que cuando el bebé es muy pequeño, la madre tiene una especial conexión con él y el estado de alerta no es difícil para ella, pero sin duda es más cómodo ejercerlo sin levantarse de la cama, que teniendo que caminar hasta la cuna o hasta otro cuarto. En este sentido, como el padre suele tardar más tiempo en adaptarse a la presencia del bebé, podrían sentirse más tranquilos si éste se sitúa no entre la madre y el padre, sino entre la madre y el final de la cama (con las precauciones pertinentes del otro lado).

En relación con la independencia del bebé, cabe recordar que desde tiempos muy remotos las madres han amamantado a sus bebés durante la noche, casi sin despertarse. Así han recibido protección, afirmación emocional, lecciones de cómo respirar, calor y alimento. Si el bebé tiene alguna dificultad, si vomita o tiene frío, los padres están a su lado para socorrerlo. Si su temperatura corporal sube demasiado, la de la madre baja para compensarlo. Cuando una madre que amamanta duerme junto a su bebé, la proximidad entre ambos estimula la lactancia y el bebé come de su madre más a menudo que los que duermen en otra habitación (casi el doble y durante casi tres veces más tiempo). Esto hace que tengan un ritmo de sueño distinto. Su fase profunda de sueño es mucho menor, y esto, que en principio parece una desventaja, constituye en realidad un gran escudo contra el riesgo de la muerte súbita. Cabe mencionar que en países como en Japón, donde el colecho es la norma, el índice de muerte súbita del lactante es uno de los más bajos del mundo. Además, el desarrollo neuronal ocurre en su máximo esplendor en la fase de sueño menos profunda, con lo que al practicar colecho, no sólo se le da más leche materna, que es ideal para su protección fisiológica, sino que se está potenciando su desarrollo mental. Considerando todo esto, ¿cuál es la prisa de que el bebé sea independiente si, de hecho, así estará más seguro y más fuerte?

71

¿CUÁNDO Y CÓMO SACARLO DE LA CAMA?

Esta pregunta se relaciona directamente con el tercer argumento en contra de que los bebés duerman con los padres
y según el cual la presencia del bebé interfiere con su intimidad. En efecto, durante esta etapa es común preocuparse por ver perdido ese espacio que antes era de dos, y la
prisa de alguno de los dos padres, o de ambos, por sacar al
bebé de la cama puede llegar si ese espacio —la comunicación de los cuerpos, más que la cama como tal— no se
recupera pronto.

Así que generalmente esta pregunta tiene más que ver
con una necesidad de los padres que con la del bebé, quien
mientras duerma cómodamente estará feliz de que se le deje
ahí todo el tiempo que él quisiera.

Cuándo sacar al bebé de la cama es entonces algo que
ambos deben responderse juntos en función de su comodidad, de la salud de su propia relación y de su forma de vida.
A algunas parejas no les afecta la presencia del bebé, especialmente cuando el colecho se da con una cuna o cama
que está junto a la cama de los padres. Para otros puede ser

motivo de ansiedad, y muchas veces más para la madre que para el padre, es difícil recuperar la intimidad si el bebé está ahí. También entra en consideración qué tanto se mueva o se despierte el bebé, e incluso el tamaño de la cama. Así pues, unos lo dejan un mes, otros un año o más. Es cuestión de que cada pareja lo decida.

Antes de pensar en sacarlo, sin embargo, cabe considerar algunos aspectos sobre la comodidad de ambos padres por tener al bebé ahí. Tanto con bebés que toman leche materna como con los que toman fórmula, cuando duermen al lado de ellos lloran mucho menos frecuentemente y están menos tiempo despiertos. La madre casi siempre se da cuenta de las necesidades de su bebé pocos segundos antes de que él las manifieste, con lo que se evitan muchos llantos, muchas despertadas innecesarias del papá, y muchas levantadas de la cama de la mamá y/o del papá mismo. De hecho, mientras la mamá no tenga la necesidad de desapegarse de su bebé, ésta será la forma en que mejor dormirá porque, aunque le dé de comer, en realidad no despertará del todo y al final de la noche ni siquiera sabrá cuántas tomas le dio.

Cuando por fin decidan sacarlo, consideren que el proceso tomará tiempo y, como en todo lo demás, lo mejor será hacerlo gradualmente. Se puede empezar por acostarlo en otro lado y pasarlo a su cama a media noche, o al revés, dormirlo con ustedes y a media noche llevarlo a su propia cuna. En ambos casos habrá que hacerlo con paciencia porque le tomará tiempo despertar y no verlos a ustedes como antes. Pero esto es parte de su propio proceso, y mientras sigan acompañándolo de cerca, estará bien.

72

¿CUÁLES SON LOS ELEMENTOS INDISPENSABLES PARA LA SEGURIDAD DE MI BEBÉ DENTRO DE CASA?

De ahora en adelante, y conforme tu bebé crezca, será muy importante que te mantengas muy alerta sobre todos los detalles de la vida cotidiana que entrañan peligros potenciales para tu bebé. Más allá de tu propia antena, que funcionará casi en automático gracias a tu instinto, toma en cuenta también la importancia de hacer partícipes de esto a todas las personas que vayan a estar a su alrededor.

Las sugerencias sobre la seguridad de tu bebé dentro de casa están agrupadas de esta forma:

- Objetos peligrosos.
- Cama, cambiador, periquera y sillas portátiles.
- Pisos y superficies duras.
- Escaleras y barandales.
- Muebles, macetas y objetos en el camino.
- Interruptores de luz y contactos.
- Cables y aparatos eléctricos.

- Celulares, pilas y juguetes de pilas.
- Jabones o químicos peligrosos.
- Estufas e instalaciones de gas.
- Puertas y ventanas.

Independientemente de cada una de estas zonas de cuidado, y como regla general, considera que nunca debes dejar solo a tu bebé en ninguna parte.

Objetos peligrosos. Como hábito, evita prestarle o dejar al alcance de tu bebé objetos pequeños, como partes de objetos o juguetes, botones, monedas, semillas, tornillos, etcétera. Querrá explorarlos con su boca y podría tragárselos o incluso ahogarse con ellos. También aleja de él cualquier objeto peligroso, filoso o punzocortante, incluyendo los que aparentemente le parezcan vistosos e interesantes, como el manojo de llaves, lápices o plumas, cortauñas, etcétera. En general, evita el tener que llegar al punto de frustrarlo por quitárselo y aleja las tentaciones de su alcance de antemano. Si tu bebé tiene hermanos o primos mayores, enseña a éstos que esos objetos pequeños o peligrosos no deben estar cerca del bebé y, como una regla, retíralos de su alcance cuando estén conviviendo juntos.

¿QUÉ DEBO CONSIDERAR PARA LA SEGURIDAD DE MI BEBÉ EN RELACIÓN CON: CAMA, CAMBIADOR, PERIQUERA, CUNA Y SILLAS PORTÁTILES?

Cama o cambiador. Muchas mamás dejan a sus bebés en la cama o en el cambiador momentáneamente, para realizar actividades diversas cerca de ellos. Cuando los bebés son recién nacidos no hay ningún problema, pero alrededor de los cuatro meses, generalmente más pronto de lo que solemos calcular, los bebés aprenden a rodarse y un buen día, si te descuidas, se pueden ir hasta la orilla. Si no puedes estar con él, déjalo en otro lugar más seguro. Por otro lado, cuando veas que tu bebé ya sabe llegar solo hasta la orilla de la cama, enséñale a bajar de pompas, es decir, bajando primero las piernas, luego las pompas y al final el tronco. Aunque todavía no sepa ni gatear, ni pararse, esto le puede ayudar a no lastimarse y eventualmente caerá parado. Si la cama es muy alta y para llegar al suelo tiene que soltarse en el vacío sin tocar previamente el piso con los pies, no se lo enseñes todavía, o practíquenlo en un sillón cuya altura sea más cómoda.

Cuna. Si sueles dejarlo en la cuna, verifica que el colchón de ésta tenga la altura conveniente para su edad, pues también es común que aprendan a pararse antes de lo que muchas mamás suelen calcular. También pon atención en el ancho de los barrotes de la cuna. No deberás acostar a tu bebé en una cuna cuyos barrotes sean más anchos que su cabeza, pues podría meterla entre ellos y ahorcarse.

Periquera. Con las periqueras hay que tener cuidado, porque si el bebé no está amarrado con algún cinturón de seguridad podría levantarse de su lugar y quedar expuesto a una caída de mucha altura. También hay que fijarse en que no pueda impulsarse con sus piernas y la pared o mesa de enfrente, y provocar que la silla se caiga al suelo.

Cuando tengas que dejar a tu bebé un momento, si la periquera, la cuna, la cama o el cambiador no son lo suficientemente seguros, considera dejar a tu bebé en el piso. Reserva un espacio limpio, de preferencia con tapete o alfombra, lejos de objetos duros o cortantes. También si está en su silla portátil, lo mejor será dejarlo en el suelo. No es buena idea dejar la silla portátil sobre una mesa, cama o lugar alto, porque el movimiento del bebé la puede llevar hacia la orilla.

74

¿QUÉ DEBO CONSIDERAR PARA LA SEGURIDAD DE MI BEBÉ EN RELACIÓN CON: PISOS, ESCALERAS, BARANDALES, PUERTAS, VENTANAS, MUEBLES Y OBJETOS EN EL CAMINO?

Pisos y superficies duras. A partir del momento en que tu bebé empiece a aprender a sentarse (alrededor de los siete meses), debes ser muy cautelosa con los lugares donde lo pones a practicar su nueva habilidad, y nunca dejarlo solo o sin protección en alguna superficie dura. Recuerda que su cabeza es muy pesada para él. Podría perder el equilibrio y darse un buen golpe. Incluso si estás con él, no dejes de ponerle suficientes cojines, pues en un descuido puede desequilibrarse e irse para atrás o de lado. En relación con los pisos duros, debes ser cautelosa también cuando están mojados o recién trapeados, pues sobre todo cuando aprenden a caminar, se pueden patinar y lastimar.

Escaleras y barandales. Si en tu casa hay escaleras, antes de que tu bebé aprenda a desplazarse solo por la casa haz lo posible por poner una puerta arriba y otra abajo, que limite su acceso a ellas y te permita guardar el control en ese aspecto. Cuando sea el momento, acostúmbralo desde pequeño a subir y bajar por ellas gateando; recuerda que para bajar hay que enseñarle a hacerlo de pompas.

Cuando ya esté aprendiendo a caminar, llévalo siempre de la mano, o permítele que se agarre del barandal, si lo hay, enseñándole a sujetarse bien. Cuando sea posible, hay que permitirle que él solo suba y baje poniendo primero los dos pies en cada escalón, y cuando ya domine muy bien esto, poniendo un pie en cada escalón. Tomará más tiempo hacerlo así, pero fomentará su destreza física y su confianza en sí mismo.

Por otro lado, verifica que el bebé no pueda meter la cabeza entre los barandales de la escalera o cualquier otro barandal, pues esto podría derivar en un accidente. Si no puedes cambiarlos, mantente alerta al respecto. Trata de que no se le ocurra, y si lo empieza a hacer con frecuencia, dile claramente que no.

Puertas y ventanas. Cuando tu bebé ya sepa gatear, cuida qué puertas dejas abiertas o cerradas, pues se te puede escapar en un segundo. Pon barandales altos y seguros en ventanas o balcones a los que el bebé tenga acceso, así como en lugares que impliquen riesgo, o bien limita totalmente su acceso a ellos.

Muebles y objetos en el camino. A partir del momento

en que el bebé ya se desplace solo por la casa, sea arrastrándose, gateando, aprendiendo a caminar o andando, es conveniente apartar o poner protecciones en los muebles con bordes afilados o esquinas puntiagudas. Retira los objetos frágiles y valiosos de superficies que estén a menos de un metro del suelo; quita sillas, cochecitos y cualquier otro objeto inestable del camino, en el cual el bebé pueda quererse apoyar para levantarse. También piensa dos veces cuándo y dónde poner manteles, pues los bebés pueden jalarlos al querer levantarse con su ayuda. Tampoco dejes líquidos o recipientes calientes en la orilla de una mesa.

Como no podrás eliminar todos los peligros de este tipo en tu propia casa, y menos en otros lugares, mantente pendiente e indica claramente a tu hijo cuándo no debe acercarse a algún lugar y asegúrate de que efectivamente no lo haga.

Macetas. Cuando tu bebé ya se pare cuida que no saque tierra de las macetas, no sólo por el tiradero, o porque pueda probarla, sino sobre todo porque muchas veces esa tierra viene con pesticidas y fertilizantes químicos que pueden hacerle daño. Esto cuídalo también en lugares públicos.

75

¿QUÉ DEBO CONSIDERAR PARA LA SEGURIDAD
DE MI BEBÉ EN RELACIÓN CON: INTERRUPTORES
DE LUZ, CONTACTOS, CABLES, APARATOS
ELÉCTRICOS, CELULARES, PILAS
Y JUGUETES DE PILAS?

Interruptores de luz y contactos. Los contactos suelen ser
muy atractivos para los bebés por varias razones: en medio
de una pared lisa, amplia y sin chiste, éstos aparecen de repente, justo a su altura, interesantísimos. Y si además los
bebés ya han visto antes a algún adulto o niño prendiendo
y apagando una luz, o bien conectando o desconectan-
do algo, entonces se les antojará mucho imitar la acción,
ya sea para averiguar si pueden prender una luz, o para
ver si pueden meter algo por ahí —recuerda que un bebé
no distingue entre interruptores y contactos—. Por esta
razón, a los contactos de casa conviene ponerles protecciones para niños a fin de evitar accidentes, y ante los de
otros lugares hay que ser siempre muy determinantes para
impedir que se acerquen a ellos. Tampoco es buena idea
jugar a prender y apagar la luz: tanto porque pueden con-

fundir los interruptores con los contactos, como porque pueden darse toques.

Cables y aparatos eléctricos. Tu bebé no tiene por qué tener acceso a aparatos eléctricos. Además de que puede descomponerlos, puede darse toques o lastimarse. En cuanto a las conexiones, evita que haya cables atravesados por los lugares por donde se desplaza tu bebé, para que no los vaya a jalar y con ello provoque algún accidente. También evita que una televisión esté sobre un mueble al que tu bebé pueda querer trepar y tirar en el intento de subirse a él.

Celulares, pilas y juguetes de pilas. Las pilas y baterías constituyen uno de los peores venenos domésticos. Son altamente peligrosas y tóxicas debido a que, dependiendo de si son para juguetes, relojes o celulares, etcétera, pueden estar hechas con sustancias químicas letales como mercurio, cadmio, litio, manganeso, níquel, plomo y zinc. Por ningún motivo se deben dejar pilas al alcance de un bebé, y por extensión, también hay que ser muy cuidadosos con los juguetes de pilas, cámaras y celulares, pues si las sustancias que contienen las pilas se han derramado del empaque metálico debido a algún golpe o por estar ya muy viejas, no podemos darnos cuenta y los bebés podrían chuparlo. Los daños a la salud causados por las sustancias componentes de las pilas son muy graves y diversos. El principal afectado es el cerebro y las funciones nerviosas. En dosis menores, las consecuencias aparecen a mediano y largo plazo.

La recomendación es no prestar a los bebés los celulares para que se entretengan con ellos, y de preferencia, mientras no terminen su proceso de dentición (que es cuando más chupan las cosas), juguetes con pilas tampoco, pues es imposible controlar totalmente que no los chupen. Conforme crezcan, verifica siempre que el espacio para las baterías esté bien sellado.

Como es cada vez más del dominio común, las pilas no sólo son nocivas en el contacto directo con las personas, sino que, al ser liberados al aire, el agua, el suelo y el subsuelo, sus componentes tóxicos se vuelven nocivos también para el medio ambiente. Si no lo tienes ya, adopta un buen sistema de eliminación de baterías.

76

¿QUÉ DEBO CONSIDERAR PARA LA SEGURIDAD DE MI BEBÉ EN RELACIÓN CON: JABONES, MEDICINAS, LÍQUIDOS TÓXICOS, ESTUFA E INSTALACIÓN DE GAS?

Jabones, medicinas o líquidos tóxicos. Es recomendable que todos los jabones, detergentes, solventes y cualquier otro líquido tóxico del hogar, así como cualquier medicamento, sean guardados en lugares altos y/o bien cerrados, totalmente fuera del alcance de los bebés. Especialmente cuando ya pueden desplazarse solos, sea gateando, arrastrándose, caminando, etcétera, es fácil que su instinto explorador los lleve hasta tu buró, o a puertas y escondrijos, y luego a probar sus interesantes hallazgos. Toma precauciones.

Estufa e instalaciones de gas. Otra de las reglas básicas de la seguridad es no permitir que los bebés se acerquen a las estufas y hornos, pues nunca se puede prever si lo harán estando ésta prendida o apagada y lo mejor es enseñarles a no acercarse bajo ninguna circunstancia para evitar cualquier posibilidad de quemadura. Por la misma razón, tampoco es buena idea cocinar y cargarlos a la vez, o acercarse a la estufa con ellos en brazos, pues se pueden quemar con los sartenes, ollas, hornillas o salpicaduras de aceite hirviendo, con graves consecuencias. Considera también que actualmente mucha ropa está hecha con hilos sintéticos que son inflamables. Revisa las etiquetas y sé consciente de cuándo tu bebé trae algo sintético (como poliéster, acrílico o nylon).

También hay que impedir que los bebés se acerquen a cualquier instalación de gas, para prevenir no sólo el riesgo por quemaduras, sino por la inhalación misma del gas, que no es bueno para la salud. Recuerda que siempre que se cocine debe estar por lo menos un poco abierta una ventana.

77

¿CUÁLES SON LOS ELEMENTOS INDISPENSABLES
PARA LA SEGURIDAD DE MI BEBÉ
FUERA DE CASA?

En la calle y los lugares públicos hay que extremar las medidas de seguridad con los bebés. Más que privar al bebé de salir de casa, se trata de que los padres estén siempre alerta y con los cinco sentidos al servicio de la seguridad de los menores. La prevención debe ser una actitud permanente y no un estado momentáneo que se toma solamente en ciertas situaciones.

Traslados en coche. Siempre lleva a tu bebé en su silla o moisés, con el cinturón de seguridad bien puesto y ajustado. No está permitido que las sillas de los bebés se coloquen en el asiento del copiloto. Aunque te resulte angustiante al principio, tienes que llevarlo en una silla especial para su edad en el asiento de atrás, con vista hacia la parte trasera del coche. Hay sistemas de espejos con los que puedes irlo viendo. Si por algún motivo debe ir en brazos de una persona (pero evítalo al máximo), que sea siempre en el asiento posterior.

Traslados en transporte público. Si tienes que usar transporte público, procura hacerlo siempre con las manos libres y llevando al bebé en cangurera o rebozo. Protege su cara cuando tengas que caminar entre mucha gente, bajo el sol o en zonas de mucho aire, polvo o esmog.

Carriolas. Siempre que lo sientes en la carriola ponle al bebé el cinturón de seguridad. Como hábito, ponle el freno cuando está detenida. No pongas en ella líquidos calientes. Cuando estés en lugares públicos, no te alejes de ella ni le quites la mirada.

Escaleras y escaleras eléctricas. En la medida de lo posible, evita subir o bajar escaleras normales o eléctricas con un bebé que va en carriola. Y cuando está aprendiendo a caminar, llévalo siempre de la mano, no lo sueltes.

Elevadores. Mientras el bebé va en tus brazos o en una carriola, los elevadores no serán motivo de preocupación. En cuanto aprenda a caminar solo, acostúmbrate a no soltarle la mano durante la espera de un elevador. Incluso cuando no esté en tus planes meterte en un elevador cercano, tampoco lo sueltes, pues las puertas podrían cerrarse con él adentro, antes de que reacciones.

Supermercados, tiendas y otros lugares públicos. Tanto si va en su carriola, como si va en el carrito del súper o caminando, deberá ser ley que no lo sueltes y menos lo pierdas de vista. En los supermercados cuentan con códigos de seguridad ya establecidos para los casos de niños perdidos, desaparecidos o robados, así que no dudes en reportar cualquier desaparición de inmediato para evitar que alguien lo saque de ahí contra tu voluntad. En las tiendas también deberás ser muy cuidadosa para que tu bebé no agarre o tire objetos al suelo, derrumbe torres de productos, ensucie prendas, etcétera.

Fuentes, albercas, pozos. Ubica siempre la presencia de estos lugares y mantente vigilante. Nunca te confíes ni dejes a tu bebé jugando solo o con otros niños cerca de fuentes, albercas, pozos, coladeras abiertas, hoyos, etcétera. Tampoco es buena idea dejar que se moje las manos con agua de las fuentes, pues suelen estar muy sucias. Si tiene ganas de maniobrar con el agua podrían jugar con algún palito largo, a moverlo sobre el agua, o a recolectar piedritas pequeñas y arrojarlas al agua, siempre teniéndolo junto a ti.

Insectos. Ubica el tipo de insectos que puede haber en los jardines, parques, campo, etcétera, a los que vayas con tu bebé. Recuerda que mientras más cálidos son los lugares, más ponzoñosos son los animales que ahí viven. No lo dejes solo en el suelo cuando haya la posibilidad de encontrar algún insecto o animal venenoso. Si vas a un lugar con alacranes güeros, asegúrate de tener suero a tu alcance.

Si vas a un lugar público, como un hotel, o en sitios tropicales o muy calurosos donde haya muchos insectos, toma en cuenta que muy comúnmente se utilizan grandes cantidades de insecticidas, los cuales suelen ser tanto o más tóxicos que los propios insectos. En estos casos no dejes a tu bebé en el suelo y procura que esté en espacios ventilados.

Delincuencia. Otras recomendaciones básicas que deberás asumir si vives o visitas un entorno inseguro, en relación con la delincuencia son:

- Mantenerte siempre alerta sobre la gente que te rodea. Verifica que nadie te vigile o te siga, lo mismo si vas a pie, en coche o en transporte público.
- Observa muy bien a tu alrededor antes de subirte o bajarte del automóvil, y también antes de dar la espalda a la calle para hacer maniobras con tu bebé, como subirlo o bajarlo del coche. Esa mirada preventiva debe ser un hábito. Si hay alguien de quien desconfías espera y, en caso necesario, pide ayuda por teléfono.
- Cuando conduzcas, no te distraigas ni pierdas atención en la calle y en la gente que se acerque a tu coche. No abras demasiado las ventanas, sólo una rendija.
- Evita salir de noche con tu bebé o ir a zonas peligrosas.

78

¿CUÁNDO Y A DÓNDE ES RECOMENDABLE
SACAR DE PASEO A MI BEBÉ?

- Cuando son recién nacidos y durante el primer mes o dos meses, lo recomendable es que salgan sólo al pediatra o a casa de gente muy cercana, donde tú te sientas muy cómoda y tranquila.
- Hacia los dos o tres meses, poco a poco puedes sacar a pasear a tu bebé, a parques o a acompañarte a tus pendientes, como el mandado. Si está despierto, déjalo mirar, desde una ubicación segura, calientita o fresca (según sea el caso), lo que sucede a su alrededor.
- Una sesión de estimulación temprana a la semana puede convertirse en un gran paseo, que a ambos les permitirá entrar en contacto con otras mamás y otros bebés.
- Los jardines y el contacto con la naturaleza son muy recomendables desde que los bebés tienen pocos meses, pues les permiten respirar otro aire y disfrutar descubriendo los olores, formas y colores a su alrededor.
- Algunos bebés son alérgicos al pasto, o les molesta la

sensación del contacto del mismo con la piel. Si planeas sacarlo al campo o a un jardín, lleva contigo una cobija gruesa para que pueda acostarse o sentarse ahí.

- Los parques son interesantes para los bebés desde que saben sentarse, porque les gusta mucho observar a niños y bebés más grandes que ellos.
- Evita a toda costa llevar a tu bebé a lugares muy ruidosos, tumultos, conciertos o actividades masivas.
- Podrías llevarlo al cine, pero de preferencia a las opciones que las salas de cine han programado especialmente para mamás, porque el volumen es más bajo, las salas no están en oscuridad total sino que tienen luz tenue y además el resto del público será tan tolerante como tú a los ruidos e intervenciones de los bebés. La verdad es que a esta edad los pequeños no disfrutan mayormente el cine, ni siquiera cerca de los 12 meses. Pero es muy válido que tú intentes darte ese gusto. Sin embargo, si decides hacerlo tienes que estar dispuesta a salirte de la película si tu bebé se pone incómodo o sobresaltado, o si ésta se torna violenta o muy ruidosa. Evítale pesadillas.
- Llevar a tu bebé a la playa será una gran experiencia para toda la familia. Lo mejor es hacerlo cuando ya tenga más de seis meses y su piel empiece a ser

resistente a la resolana del sol más fuerte. Esa edad también es cómoda porque ya puede sentarse en la arena y explorar la sensación (incluso con la boca) sin que tú tengas que ser muy escrupulosa al respecto. Después no te sorprendas de encontrar arena en el pañal. Cuando decidas llevarlo consulta a tu pediatra sobre las medidas necesarias para evitar que su exposición al sol le resulte perjudicial. Recuerda que los productos que hay en el mercado no necesariamente pasan por los controles de calidad adecuados. Antes de untarle algo a tu bebé, asegúrate de que la marca es confiable.

79

¿CÓMO PUEDO FACILITAR LOS TRAYECTOS
EN COCHE Y EN AVIÓN?

En coche. Acostumbra a tu bebé a ir en la silla especial para él desde pequeño y recuerda que no deberás sacarlo de ella por ningún motivo. Un bebé que ha sido retirado de su silla en medio de un llanto que no implicaba ninguna emergencia, volverá a emplear este recurso para ser sacado nuevamente de ahí y acostumbrarlo a ir en su silla se volverá más complicado en el futuro.

Así que, en la medida de tus posibilidades, empieza por evitar al máximo situaciones de estrés como, precisamente, llevar a tu bebé en medio del tráfico o cuando es su hora de comer. Pero si tienes que hacerlo y eres tú quien va conduciendo, hazte a la idea de que deberás desarrollar la destreza de manejar sin estresarte por eso. Hay varios recursos que pueden servirte, como llevar en el coche algunos de los juguetes preferidos de tu bebé, o incluso juguetes u objetos nuevos y seguros que pueda explorar; su biberón y un tóper con fruta, cereal o algún antojo que a él le guste (si todo esto ya está en su dieta). También servirá poner música, cantarle, platicarle, explicarle que no se puede salir de ahí por su bien. La música y las canciones son especialmente efectivas, si lo acostumbras a ello. Detecta cuáles son sus preferidas. Recuerda que si tu bebé te siente tranquila se angustiará menos, pero si te pones tensa, él se tensará más y las cosas se complicarán. En casos extremos, considera la opción de detener el coche en un lugar seguro, darle un respiro a tu bebé y retomar el camino un poco más tarde. Este recurso excepcional será más para ti que para él, pues es prioritario que el estrés no te domine.

En avión. Para viajes largos en avión es necesario ir muy bien preparados, pues no es cosa fácil. Tu bebé no necesitará viajar con asiento propio, ya que generalmente está permitido que los niños viajen en brazos hasta los dos años de edad. Pero si estás en la posibilidad de hacerlo, trata de comprar un lugar también para él, y lleva su silla del coche. Así todos irán más cómodos y seguros. Incluso si no compras el boleto para ese lugar podrías llevar la silla. Si hay un lugar disponible, la aerolínea te permitirá ponerla.

Cuando compres los boletos, intenta reservar los asientos que están adelante de la cabina de clase turista, en general inmediatamente detrás de los pasajeros de primera clase y clase ejecutiva. Estos asientos ofrecen más lugar para estirarse, y además son más convenientes para ir al baño o para levantarse a caminar con el bebé. Si no puedes reservarlos con anticipación, pregunta temprano en el aeropuerto: las compañías aéreas suelen guardarlos para familias con niños. En ese momento también puedes preguntar si tienen cunas disponibles. Algunas aerolíneas las ofrecen. Por si acaso, lleva una sábana o una manta; de todas formas ésta te servirá para cubrir al bebé, porque en los aviones el aire acondicionado suele ser más bien frío.

Es muy importante no llevar cosas de más ni de menos: es difícil moverse con demasiado equipaje de mano si vas con un bebé, aunque a la vez cualquier olvido podría complicar mucho las cosas. Mira esta lista: pañalera completa con mudas extra, pañales, toallitas limpiadoras, etcétera; comida y bebida para el bebé, de acuerdo con su dieta; una camisa extra para ti en caso de que el bebé te ensucie; la manta para taparlo del frío, y juguetes que no ocupen demasiado lugar.

Ya en el avión, si el bebé llora y no puedes calmarlo, camina por los pasillos, llévalo a conocer el baño o a observar cómo trabajan las azafatas. El movimiento lo calmará. Y si no, tú mantén la calma, que ninguna mirada te abrume. Por tu parte, come bien, bebe mucha agua y trata de descansar mientras tu bebé duerme. Si vas en pareja será más sencillo porque podrán dividirse el trabajo.

80

¿QUÉ SERÁ LO MEJOR PARA MI BEBÉ CUANDO YO TENGA QUE REGRESAR A TRABAJAR FUERA DE CASA?

En principio, hay dos situaciones muy diferentes en las que podrías estar implicada al tener que retomar tu trabajo. La primera es si trabajas fuera de casa, tal vez para alguna empresa o institución en la cual te dieron un periodo de incapacidad que está por terminar. Y la segunda es si eres *free lance* o trabajas para una empresa personal o familiar y puedes trabajar desde tu casa, probablemente sin una fecha muy establecida, pero sí con la necesidad de hacerlo.

En el primer caso, considera que antes del año lo mejor para tu bebé sería poder permanecer en casa mientras tú trabajas, si no puede ser con su padre, con algún otro pariente cercano o persona de mucha confianza.

Si no hay nadie que pueda estar con él en tu casa, entonces considera llevar al bebé a la de parientes o personas cercanas, como los abuelos. Se pueden hacer combinaciones diversas para diferentes días de la semana, según puedas organizar la ayuda que vas a recibir.

Es muy importante que las personas que van a cuidar de tu hijo sean de toda tu confianza: que no lo vayan a dejar solo, que no lo expongan a situaciones de peligro, que sean higiénicos y respetuosos, que sean cuidadosos con sus horarios de sueño y comida, que su entorno sea tranquilo y seguro.

Por supuesto, las guarderías públicas o privadas también son buena opción, siempre y cuando verifiques que se trata de una institución confiable. Averigua con otras mamás. En este caso, considera que, como el sistema inmunológico de tu bebé no está lo suficientemente desarrollado, seguramente pescará gripes e infecciones variadas, en especial durante la temporada de frío.

En relación con su alimentación, si toma leche materna lo mejor sería que tú te sacaras leche por la mañana y le dejaras una cantidad suficiente en biberones. Si las condiciones lo permiten, sal del trabajo y visítalo al menos una vez para darle de comer tú personalmente. Si no puedes sacarte leche ni salir del trabajo, está bien con dejarle otra bebida (como leche de fórmula o jugo, con previa autorización del pediatra) y volver a ofrecerle el pecho cuando vuelvas a reunirte con él. Aunque tu producción de leche se vea reducida, tu bebé seguirá necesitando ese contacto.

Antes de que llegue el día de separarte de él por primera vez, avísale y cuéntale de modo simple y sereno tus motivos.

Tienes que estar muy segura de que lo que estás haciendo es lo mejor para ambos, para no transmitirle angustia ni inseguridad. Aunque sea tan pequeño, notará algo diferente en tu tono de voz y de algún modo percibirá que estás diciendo algo diferente e importante, por ejemplo: "pronto tendré que llevarte a un lugar así y así donde me esperarás todas las mañanas, mientras yo voy a trabajar, pero en la tarde estaremos juntos otra vez". El primer día, y cada nueva mañana, le dices: "¿recuerdas que te había dicho que ahora vendrías a este lugar cada mañana porque tengo que ir a trabajar? así tiene que ser ahora, pero al rato vengo por ti". Entonces entenderá que estaba siendo avisado y que, de alguna manera, lo informas de los cambios relevantes que tendrá en su vida. Recuerda a Dolto y la importancia de la palabra. Es fundamental que en todo momento te muestres muy firme y segura respecto a lo que estás haciendo, pues tu angustia puede dejarlo muy intranquilo; en cambio, si te percibe segura, entenderá más fácilmente que todo está bien. Dado que ahora estarás menos tiempo con tu bebé, es muy importante que el tiempo restante sea, en la medida de lo posible, de calidad.

Por otro lado, si el trabajo que tienes que hacer es en tu propia casa, deberás enseñarle a tu bebé a estar tranquilo cerca de ti, mientras tú te ocupas de otra cosa. De hecho, practicar esto te servirá tanto para realizar labores profesionales como para los quehaceres domésticos de todos los días. Así pues, acostumbra a tu bebé a quedarse acostado cerca de ti, en un espacio seguro y cómodo para él, donde pueda practicar su postura boca abajo, sentarse y poco a poco aprender a gatear. Rodéalo de juguetes u objetos interesantes y seguros que pueda explorar libremente.

De ser posible, puedes contratar una nana que se ocupe de él el tiempo necesario mientras tú trabajas en otra parte de la casa. Así puedes estar al pendiente de él, darle de comer y verificar cómo quieres que sea tratado por esta persona.

Es importante que así como tú deberás respetar los procesos y ritmos de tu bebé, así también deberás enseñarle a él a respetar los tuyos. Es un círculo. Él aprenderá a respetar y ser respetado, en la medida en que tú puedas respetarlo a él y hacerte respetar por él. Porque éste es un aprendizaje que hará contigo, y el momento de empezar a hacerlo es ahora. El primer paso es aprender a leer sus señales para saber cuándo su llanto puede esperar y cuándo debe ser atendido de inmediato.

81

¿POR QUÉ ES TAN IMPORTANTE EL TIEMPO DE CALIDAD?

Es un hecho que no podrás dedicarle toda tu atención al bebé, porque siempre habrá otras cosas que hacer más allá de él, cosas que irán desde lavar y guardar su ropa, bañarte, preparar la comida, comer, dormir, recoger la casa, hablar por teléfono, etcétera, hasta cuestiones tan importantes como abrir espacios para la pareja y/o hermanos, o bien retomar tu trabajo y poco a poco también el resto de tus actividades. Por esta razón, es muy importante que en medio de la vorágine cotidiana haya siempre varios ratos al día de atención total para él, o por lo menos uno.

¿Cómo debe ser el tiempo de calidad? Aparte del tiempo que destines a cambiarle el pañal, vestirlo, bañarlo, dormirlo, llevarlo de aquí para allá, etcétera, es preciso destinarle todos los días momentos más especiales, para darle de comer y apapacharlo, cantarle, hacerle masaje o cariños, jugar con sus juguetes preferidos, estimular su desarrollo, escuchar música, llevarlo de paseo y mostrarle todas las cosas interesantes que vayan encontrando, etcétera. La clave es que no haya interrupciones, que no estés sin estar, por ejemplo, platicando o atendiendo a alguien más, hablando por teléfono todo el rato, haciendo quehaceres, etcétera. Incluso si sientes que no te alcanza el tiempo (y especialmente cuando es así), considera ese momento irremplazable y dale todo el valor que tiene. Es en beneficio de tu bebé y de tu relación con él.

Conforme crezca tu bebé, esos tiempos se reducirán en cantidad, pero no se deben disminuir en calidad. El largo camino de crecimiento de un hijo lo lleva poco a poco hacia la independencia. Tú eres la primera que debes forjar ese camino y darle a tu bebé las herramientas para su crecimiento. De alguna manera, en el proceso tú también irás recobrando tu tiempo y tus espacios de desarrollo más allá de los hijos. Entretanto, habrá tiempos que sean sagrados, aquellos destinados a alimentar la atención, el vínculo amoroso, la comunicación y el juego. Piensa que si así lo cultivas, un día, cuando tu hijo sea independiente, se mantendrá cerca de ti por valorar esos espacios de calidad que encuentra en ti.

82

¿POR QUÉ ES TAN IMPORTANTE EL JUEGO?

"Los juegos de los niños deberían considerarse como sus actos más serios", decía Montaigne. El juego es una actividad imprescindible para el niño, necesaria para su desarrollo motriz, intelectual, emocional y social. Por medio del juego, los niños empiezan a comprender cómo funcionan las cosas, lo que puede o no puede hacerse con ellas; descubren que existen reglas de causalidad, de probabilidad y de conducta que deben aceptar si quieren que los demás jueguen con ellos. Entre sus beneficios principales podemos señalar que el juego permite tres funciones básicas de la maduración psíquica en un bebé: la asimilación, la comprensión y la adaptación de la realidad externa. Además, favorece las adquisiciones sociales tempranas y las habilidades de comunicación social. Como conducta exploratoria, impulsa la creación de campos de acción y la creatividad. Como el juego tiene un sentido para el bebé, cuando se le interrumpe se le priva del desenlace de un argumento creado por él mismo con una finalidad que no siempre alcanzamos a comprender.

El juego espontáneo está lleno de significado para los bebés y los niños porque surge con motivo de procesos internos que aunque nosotros no entendamos debemos respetar. Si se desea conocer a los niños —su mundo consciente e inconsciente— es necesario comprender sus juegos; observando éstos descubrimos sus adquisiciones evolutivas, sus inquietudes, sus miedos, aquellas necesidades y deseos que no pueden expresar con palabras y que encuentran salida a través del juego.

Para entender la importancia del juego en los primeros 12 meses de vida de tu bebé, considera que en esta etapa él se relacionará con el mundo a través de sus sentidos y actuando sobre él. En su mente sólo existirá el aquí y el ahora: su acción inmediata. Por eso su primer juego será conseguir repetir movimientos de su cuerpo (meterse la mano en la boca, por ejemplo). Después intentará reproducir reacciones en objetos fuera de él (mover un sonajero, etcétera). Poco a poco irá variando estos movimientos en una constante experimentación y relacionará sus percepciones de los diferentes sentidos, lo que le permitirá entender situaciones nuevas.

En este periodo habrá un juguete esencial: la persona que está con él, que lo cuida, que le habla, que le canta, le da acceso a objetos novedosos y juega con él: tú, su papá, sus abuelos, hermanos o cuidadores. La relación que el bebé pueda establecer con estas personas para poder jugar, será clave en su desarrollo psicomotriz y emocional posterior.

83

¿QUÉ JUEGOS Y JUGUETES SON RECOMENDABLES?

Lo primero que puedes hacer para empezar a jugar con tu bebé, desde las dos o tres semanas de nacido, es tratar de que siga con la vista el desplazamiento lento de objetos diversos que tú muevas. O bien, lo mismo pero con sonajas que hagas sonar suavemente desde distintas direcciones, invitándolo a voltear y a detectar la fuente del sonido.

Bien a bien, a un bebé le empiezan a interesar los juguetes entre los dos y los tres meses. Lo primero que le atraerá son objetos de colores brillantes o texturas diversas, que él pueda tomar con su mano, explorar y chupar. Conforme aprenda a sostener objetos, también le gustará agitar y hacer sonar sonajas, maracas o instrumentos diversos. Si vas a escogerle unos, cuida que sean ligeros, pues los pesados implican mucho esfuerzo y no los sostendrá por mucho tiempo.

Durante las siguientes semanas y meses los mejores juguetes seguirán siendo todas las cosas que él mismo pueda manipular, chupar, mover y hacer sonar, pues a esta edad, lo que buscará son juguetes que respondan a sus acciones, que le ayuden a descubrir su cuerpo y estimulen sus sentidos con colores, texturas, formas y sonidos diferentes.

Más adelante podrás pensar en juguetes que estimulen el movimiento y sean fáciles de agarrar, incluyendo pelotas suaves o cochecitos que puedan empujar por el piso y que estimulen su gateo.

Paralelamente, serán atractivos y muy didácticos los juguetes que lo inciten a desarrollar su coordinación motriz fina y el control de su fuerza, por ejemplo, para ensamblar y desensamblar piezas, meter y sacar objetos de un bote o caja, armar y destruir torres de bloques, o bien, acomodar piezas de un todo de acuerdo con formas, tamaños y colores. Esto además le permitirá aprender a empezar y terminar ciclos. Tú foméntalo: si empieza una actividad, que la termine. Recuerda a María Montessori, quien habló mucho sobre la importancia de fomentar la realización de ciclos completos en los niños pequeños.

Desde los seis o siete meses puedes jugar con tu bebé a dar y recibir. Hazlo con juguetes, pelotas o con lo que se te ocurra. Una manera divertida es con una pelota suave y ligera. Además de desarrollar su coordinación motriz, aprenderá a jugar por turnos y a saber que en un momento le toca a él y al siguiente ya no. Esto puede favorecer incluso su desarrollo del lenguaje. Si se juega entre tres o más personas es más didáctico y divertido para ellos.

Por otro lado, cerca de los 12 meses empezarán a ser importantes los juguetes que estimulen la afectividad de tu bebé, como los peluches, pero sobre todo muñecos con forma humana y de su mismo género. A través de ellos empezarán a jugar a adoptar la función de los papás y abrirán la puerta para los juegos simbólicos que hacia el segundo y tercer año serán muy importantes.

A partir del año, cualquier cosa que fomente su movimiento de forma segura dará motivo a grandes juegos: el campo, el parque, un patio, un jardín, incluso unas escaleras seguras. Los cuentos también empezarán a cobrar relevancia para su desarrollo del lenguaje alrededor del primer año.

Paralelamente, desde que tu bebé sea muy pequeño le puedes enseñar cómo guardar cada juguete en su lugar para que, llegado el momento, él mismo sea capaz de hacerlo —lo que, entre otras cosas, significa que efectivamente cada juguete tendrá un lugar específico, que deberá estar a su alcance y le permitará poco a poco aprender a clasificar y ordenar sus cosas—.

A la hora de comprar juguetes, toma estas precauciones:

- Que sea seguro. Los juguetes que vayas a prestarle a tu bebé deben estar confeccionados con materiales de buena calidad, que no se astillen ni se desprendan los colores o sean cortantes si se rompen. Los colores han de ser sólidos y no tóxicos. Evita juguetes de mercado, porque están hechos con el plástico y las pinturas de menor calidad. Cuanto más pequeño es el bebé menos pequeñas deben ser las piezas. Comprueba que en su empaque venga alguna leyenda que te garantice que el juguete no es tóxico y es apto para menores de 12 meses.

- Que sea adecuado para su edad, es decir, que tenga una finalidad para el desarrollo y que ésta sea del interés de tu bebé.

- Que no sea demasiado poco práctico: difícil de guardar, que necesite recambio constante o la pérdida de una pieza lo inutilice, etcétera.

- Que tome en cuenta la personalidad de tu hijo: un bebé más bien retraído necesitará complementar su tendencia a la introspección con juegos socializadores; un bebé más inquieto y sociable podrá complementar su desarrollo con juegos de atención o artísticos.

- Que sea simple. Los juguetes simples aumentan la gama de usos que se pueden hacer de ellos, desarrollando la fantasía, la creatividad y, poco a poco, la capacidad simbólica de los bebés.

- Es importante que, como hábito, no compres juguetes para satisfacer un capricho momentáneo de tu bebé ni para salir del paso. Tampoco los uses para premiar o castigar a tu hijo.

- Ten en cuenta que el exceso de juguetes mata la fantasía y produce aburrimiento. Considera la opción de ir rotando los juguetes para que tu bebé no tenga todos a su disposición a la vez, sino por temporadas. Si tienes amigas con bebés, consideren la opción de intercambiar juguetes por un tiempo. A los bebés les encanta descubrir objetos nuevos y pueden entretenerse mucho más con un solo objeto nuevo o que capte mucho su interés, que con una canasta llena de objetos ya conocidos.

- Habla con tus familiares y gente cercana que no le regalen juguetes de forma indiscriminada a tu bebé.

84

¿ES RECOMENDABLE QUE VEA LA TELEVISIÓN; CUÁNTO TIEMPO Y QUÉ CONTENIDOS SON BUENOS?

Antes de pensar en la opción de poner a tu bebé a ver la tele, mira estos datos. La Academia Estadounidense de Pediatría (AAP, por sus siglas en inglés) aconseja que los niños menores de dos años no vean la televisión, pues ésta puede agravar las ya alarmantes tasas de obesidad infantil. Aun así, en ese país, y en todos aquellos a los cuales llega su red de televisión por cable —incluido México—, los bebés cuentan con varios canales que emiten programación especialmente diseñada para niños menores de tres años, durante las 24 horas del día.

En contraste, en Francia, desde el pasado 1 de noviembre de 2008 entró en vigor una nueva medida que prohíbe "editar, difundir o promover programas anunciados como específicamente para niños menores de tres años". Y obliga a los canales temáticos a informar que "ver la televisión puede frenar el desarrollo de los menores de tres años, aun cuando se trate de canales dedicados específicamente para ellos". Según el Consejo Superior de lo Audiovisual francés

(CSA), esta práctica fomenta la pasividad, la agitación, el retraso del habla y la dependencia de las pantallas.

Diversos estudios publicados en revistas como *Pediatrics* o *Archives of Pediatrics and Adolescent Medicine* también muestran que el consumo de la televisión infantil aumenta el riesgo de padecer obesidad y sobrepeso, influye en el desarrollo intelectual y en la capacidad de concentración y afecta la calidad del sueño.

Por su parte, los creadores de los programas de televisión infantil aseguran que sus contenidos están desarrollados por expertos en educación infantil, y hechos a la medida de los más pequeños, ya que estimulan su desarrollo psicomotor: los niños juegan, aprenden y se divierten. Estudios diversos han demostrado que los niños efectivamente pueden aprender mucho de esos programas (acerca de colores, números, figuras, etcétera), especialmente cuando estén acompañados por un adulto que haga efectiva su interacción con los mismos.

Pero si bien es cierto que los bebés pueden aprender mucho de estos programas —como de hecho lo hacen con todo, pues recordemos que a esta edad son esponjas que de cualquier cosa aprenden—, también se ha demostrado que en cuanto se enganchan con la televisión, los niños juegan menos que antes con sus padres, utilizan menos sus juguetes, se quedan quietos por más tiempo y se vuelven más pasivos.

Así, aunque faltan estudios concluyentes para conocer el alcance real de los efectos de la televisión en los bebés y los niños, lo mejor es retrasar lo más posible ese momento y por lo pronto evitar hacerlo antes del primer año, cuando no, como sugieren los franceses, antes de los primeros tres.

Considera que no hay ninguna prisa por que tu bebé aprenda a distraerse con la televisión. No se perderá de nada. En todo caso, reconoce si la necesidad es tuya, para liberar tiempo. En este caso, piensa que le servirá más aprender a distraerse de otras maneras y no engancharse tan pronto con la televisión, pues si bien ésta puede aportarle algo, ten la certeza de que será prescindible y lo mejor para él, en todo caso, sería aprender esas mismas cosas mediante trato directo con alguien más.

Por último, algunos estudios están buscando analizar cómo los padres que permiten a sus hijos ver televisión desde pequeños, bajan su umbral de tolerancia a las escenas de violencia más pronto que aquellos padres que los privan de esta práctica por más tiempo. En este sentido, considera desde ahora que así como aquello que le das de comer a tu bebé durante sus primeros meses de vida no sólo lo alimenta, sino que también pasa a constituir su propio sistema digestivo, así también los contenidos que recibe a través de todos sus sentidos (y especialmente esa que viene tan sobrecargada de estímulos visuales y sonoros, es decir, la de la televisión y las películas para niños) no sólo le dan información, sino que pasan a constituir la base misma de su psiquismo. Así que, más allá del riesgo de obesidad, piensa muy bien las cosas y evita llenar la mente de tu hijo con información que no está listo para procesar y que, sobre todo si ve de manera reiterada, pasará a formar parte de su inconsciente.

85

¿CÓMO PUEDO SABER SI MI BEBÉ SE ESTÁ DESARROLLANDO BIEN FÍSICAMENTE?

En primer lugar hay que recordar que, tal como ocurre con los esquemas de crecimiento en talla y peso, con la salida de los dientes y en general con el desarrollo del bebé en cualquier esfera, los esquemas de desarrollo relacionados con la motricidad de los bebés son sólo referencias variables. No debes preocuparte si el ritmo de tu bebé sale un poco de estas referencias, ni tratar de acelerar su proceso por compararlo con otros bebés que conoces; más bien apóyalo y estimúlalo dentro de su propio ritmo, el cual depende en gran medida de la madurez de su cerebro y su sistema nervioso, y en menor grado de su propia personalidad y su percepción de tus reacciones.

Piensa en el sorprendente camino que recorre un bebé: de nacer incapaz de controlar ninguno de sus movimientos, llevando a cabo únicamente la realización de algunos reflejos básicos, como el de la succión con la boca y la presión de sus dedos para sujetarse —que les aseguran la supervivencia—, hacia los 12 meses ya ha adquirido un gran control sobre los principales músculos de su cuerpo y no sólo puede caminar (o casi), sino también mover brazos y manos a voluntad.

Este sorprendente proceso siempre avanza de la cabeza a los pies. Lo primero que se alcanza es el control de la cabeza; luego el de los brazos y el del tórax, y finalmente el de las piernas. Tu bebé irá pasando de movimientos bruscos y torpes con cada una de estas partes, a movimientos más suaves, seguros y precisos. Además, a lo largo de su desarrollo pasará por etapas de crecimiento lento y por fases de crecimiento acelerado o con saltos.

Para comprender el desarrollo motriz de un bebé y poder detectar si algo no va del todo bien, se han establecido algunos hitos (o momentos culminantes) que van marcando la secuencia de logros que más o menos deben ir alcanzando los bebés en edades promedio. Lo importante al ver estas referencias no es entonces la edad de referencia que se establece como promedio para pasar por las diferentes etapas, sino el orden en su sucesión, pues generalmente cada nuevo logro implica haber pasado por los pasos anteriores.

Cabe resaltar que, si bien todos los bebés desarrollan sus habilidades en tiempos diferentes, también puede haber signos que te estén indicando que algo no anda bien. Si notas que tu bebé está por cumplir seis meses y todavía no muestra signos de movilidad como darse vuelta, o si ya va a cumplir un año y todavía no se sienta ni se desplaza de ninguna manera, debes consultar al pediatra. Considera también que los bebés prematuros suelen desarrollar sus habilidades más tarde que los que nacieron a término. Así pues, revisa estos hitos en el desarrollo motriz grueso (de todo el cuerpo) y fino (de la mano) en los bebés.

86

¿CUÁLES SON LOS HITOS MÁS IMPORTANTES EN SU DESARROLLO MOTRIZ GRUESO Y FINO?

Desarrollo motriz grueso (de todo su cuerpo):

- *Recién nacido.* No podrá sentarse sin apoyo ni detener solo su cabeza. Permanecerá acostado con piernas y brazos encogidos.
- *Dos meses.* Acostado boca abajo ya podrá levantar por un momento la cabeza, en un ángulo de 45 grados. Esto implica un gran trabajo para él.
- *Tres meses.* Los bebés ya pueden estar acostados boca abajo y detener su cabeza erguida por ratos más largos. Es muy importante practicar esta posición varias veces al día. Al principio seguramente tu bebé preferirá estar boca arriba, porque eso no implica ningún esfuerzo para él. Pero practicar la postura boca abajo lo preparará para tener un mejor dominio sobre su entorno y, poco a poco, para gatear. Si tu bebé repela mucho cuando lo acuestas boca abajo, empieza poniéndolo primero sólo un minuto, dos veces al día;

luego dos minutos, dos veces al día, y así ve subiendo la cantidad de tiempo y de veces al día.

- *Cuatro a cinco meses.* Los bebés aprenden a rodarse y a cambiar su posición estando acostados: de lado a lado, de boca arriba a boca abajo y viceversa, apoyándose en los antebrazos. Si tú lo sostienes, ya podrá sentarse, con la parte baja de la espalda curveada todavía, pero con la cabeza levantada.

- *Seis a ocho meses.* Los bebés ya se ruedan bien en todas las direcciones y pueden sentarse solos, primero muy inestablemente y luego por lapsos cada vez más largos. Mientras no lo domine, es mejor rodearlo de cojines para evitar accidentes. Entretanto, también lo verás usar sus brazos para apoyarse y practicar varios cambios de posición. Acostado boca abajo podrá sostener su cabeza, hombros y tórax con los brazos estirados (posición de foca). Para bebés menudos y ligeros esta postura es más sencilla y generalmente la hacen antes. Los bebés rollizos tardan más, porque les cuesta más trabajo aguantar su propio peso. Muchos ya podrán arrastrarse hacia adelante con ayuda de los brazos. Le tomará todavía un tiempo empezar a gatear, pero probablemente empezará a balancearse de atrás para adelante con alguna frecuencia. También puede ser que descubra alguna forma de arrastrarse sin alzar las pompas (lo que indicará falta de fuerza en los brazos para levantar su propio peso), o incluso, que aprenda a desplazarse sentado.

- *Nueve a 10 meses.* Si no lo hace ya, el bebé estará próximo a aprender a gatear y hará muchos esfuerzos cotidianos para lograrlo. La mayoría de los bebés gatean primero hacia atrás. Con el tiempo también podrá gatear con ambos brazos y piernas estirados. En este punto seguramente ya sabrá sentarse sin perder el equilibrio y hasta podrá volver su torso en varias direcciones. También es posible que esté aprendiendo a pararse solo, sosteniéndose de muebles o de los barrotes de su cuna. No le ayudes; lo mejor es que aguante parado solamente el tiempo que él sea capaz de mantenerse en pie solo. Así desarrollará su equilibrio y fortalecerá sus piernas al ritmo en que éstas estén listas para sostenerlo.

- *11 a 12 meses.* El bebé podría empezar a dar sus primeros pasos tomado de las manos, o bien sujetándose de los muebles. A partir de ahora, seguirá necesitando apoyo de alguien, y en unas semanas o meses más, dará sus primeros pasos solo. También sería normal si empieza a caminar hasta varios meses después del año.

Algunos son muy cautelosos y no dan ningún paso en falso con tal de no caerse. Otros son más aguerridos y practican sus pasos a fuerza de muchas caídas.

Desarrollo motriz fino (de sus manos):

- *Recién nacido.* El bebé cuenta con el "reflejo de presión", entre otros. Se trata de un reflejo involuntario que le hará sujetar fuertemente y con todos los dedos lo que se le acerque a la mano.
- *Dos meses.* Pierde el reflejo de presión y empieza a controlar cuándo sujetar algo, según su interés. Aunque ya sepa cómo sujetar, pasará todavía un tiempo para que aprenda a soltar a voluntad.
- *Cuatro meses.* Descubrirá sus manos y las chupará con frecuencia.
- *Cinco meses.* Podrá coger objetos con las dos manos. También hará un nuevo descubrimiento: sus pies, que posiblemente le sabrán muy rico.
- *Seis meses.* Empezará a coger objetos con el índice y el pulgar (pinza). También podrá girar la muñeca.
- *Siete meses.* Podrá tomar dos objetos distintos, uno con cada mano. O pasarse un objeto de una mano a la otra. Recuerda que aprender a soltar les toma más

tiempo que aprender a agarrar. Si ya lo hace, es un gran avance en su desarrollo.

- *Ocho a nueve meses.* Usará el índice para señalar y tapar agujeros. Dejar caer cosas será de su enorme interés y lo haría muchas más veces seguidas de las que seguramente le permitirás hacerlo, si pudiera.
- *10 a 12 meses.* Ya pueden coger crayolas y cubiertos; comer; dar y recibir objetos; rodar una pelota por el suelo; jugar con bloques y juguetes de ensamblar o meter y sacar.

87

¿QUÉ COSAS DEBO EVITAR DURANTE EL PROCESO
DE DESARROLLO MOTRIZ DE MI BEBÉ?

- Dejarlo sentado o acostado en posiciones que no le permiten ver lo que está sucediendo a su alrededor. Recuerda que gran parte de lo que aprenderá lo hará mirando y observando.
- Siempre pasarle los juguetes que quiere cuando están en el piso. Mejor, mantenlos razonablemente alejados para que él mismo haga el esfuerzo de alcanzarlos.
- Evita las andaderas: cargan mucho peso sobre sus piernas, cuando muchas veces no están listas para ello, pudiendo ver afectado el desarrollo de sus huesos. Además, retardan o bloquean el gateo.
- Ayudarlo a mantenerse parado o a caminar cuando aún no sabe hacerlo por sí solo. También evítalo si sus propias piernas no tienen la suficiente fuerza para que se detenga por sí mismo; es mejor no forzarlo y esperar a que él mismo alcance ese punto de madurez.
- Los zapatos duros cuando todavía no saben caminar o correr. Evítalos: impiden la formación del arco.

Mejor ponle zapatos de suela suave y los otros hasta que sepa correr. Cualquier duda sobre las plantas de los pies y la manera de andar se resuelve normalmente a partir de los 18 meses, pero si algo te preocupa consúltalo con tu pediatra o con un ortopedista pediatra.

- Cargarlo cada vez que hay escaleras. No lo hagas; siempre que puedas permite que desarrolle esta habilidad.

- Regañarlo por dejar caer objetos al piso. Ver cómo cae al piso lo que sueltan constituye para los bebés un momento fascinante: se están dando cuenta de que su acción de soltar tiene ese efecto y los maravilla tanto que podrían repetirlo por horas. De hecho, lo repetirán cada vez que puedan. No repruebes su descubrimiento, sólo ponle un límite.

- Regañarlo por aventar los juguetes. Con mucha frecuencia los bebés avientan las cosas porque ya no quieren usarlas: desaparecen de su atención y las sueltan para ir por algo más. También evita regañarlo por esto. No lo controla. Pero sí marca el límite con un claro "no" y hazle notar que la soltó y que ahí no se deja. Enséñale a dejarla suavemente sobre su lugar y repítelo con él muchas veces, hasta que le empiece a quedar claro. Sé muy paciente. Recuerda que esto es parte de ese tipo de procesos del aprendizaje que requieren una comprensión y una maduración paulatinas, que sólo se obtienen tras un largo y paciente proceso de repetición.

Por otro lado, si tu bebé sigue arrojando las cosas probablemente quiere jugar a aventar; enséñale que para eso son las pelotas. Sólo las pelotas se avientan y sólo se avientan en ciertos lugares. También le servirá que le menciones, con frases simples y breves, que si lanza objetos que no son pelotas puede lastimarse, lastimar a alguien más, dañar el objeto en cuestión o el lugar a donde éste va a parar tras el lanzamiento.

- Llevarlo a clases de natación en condiciones de higiene poco seguras. Son muy conocidos los enormes beneficios de que los bebés se familiaricen con el agua desde pequeños. Esto es cierto siempre y cuando la alberca en la que naden sea muy limpia. Estamos hablando de que sus medidas de higiene deben ser muy altas y de que la calidad del agua también. Tan nocivo puede ser que se le pegue alguna infección como el exceso de cloro en el agua. Así, a menos que tengas acceso a una alberca con agua de excelente calidad, lo mejor es no meterlos a clases antes de los tres años. Mientras sean muy chicos y en las temporadas de frío o, cuando baje mucho la temperatura, prefiere las albercas techadas o los horarios de mediodía.

88

¿POR QUÉ ES TAN IMPORTANTE EL GATEO?

El gateo constituye una de las más grandes conquistas en el
desarrollo de un bebé, porque involucra una gran cantidad
de beneficios para él.

Independencia. Uno de los beneficios del gateo más
palpables tanto para los padres como para el bebé, es el
hecho de que a través de éste el bebé inicia su proceso de
independencia y deja de necesitar de sus padres para explorar el mundo.

La medida del mundo. Además de la posibilidad de
moverse libremente, el gateo confiere al bebé su propia medida acerca del mundo, porque la distancia que existe entre
sus ojos y la palma de sus manos al gatear, se convertirá
en una medida de referencia fundamental para todos sus
cálculos proprioceptivos del futuro. Con esa nueva medida
corporal, el niño mide el mundo que lo rodea y se adap-
ta más eficientemente al medio, porque lo mide constantemente y va retomando información espacial ordenada.
De esta forma, el gateo favorece también el desarrollo del
sentido de orientación y la capacidad de discriminación sonora de fuentes acústicas en el espacio.

El movimiento cruzado. El gateo constituye una gran proeza en términos motrices, pues le permite al bebé aprender a coordinar y controlar su cuerpo por el movimiento simultáneo, sincronizado y alternado de brazos y piernas. En otras palabras, el gateo implica que el brazo derecho vaya sincronizado con el pie izquierdo y el brazo izquierdo con el pie derecho, lo que recibe el nombre de "patrón cruzado", ya que dos ejes distintos del cuerpo se cruzan. El gateo representa una de las coordinaciones más complejas que puede realizar el cuerpo humano en desarrollo porque es asimétrica. Además, al gatear los bebés desarrollan la habilidad de aplicar diferentes velocidades, lo que puede ser complicado incluso para un adulto.

La postura del cuerpo. El gateo además otorga estabilidad en la cintura y los hombros. Mediante el apoyo en equilibrio sobre sus extremidades opuestas cruzadas, el bebé aprende a desplazarse generando una torsión relativa de la columna que la tonifica y la posiciona correctamente, preparándola para lo que más adelante será la postura erecta de la misma.

El gateo y el desarrollo del cerebro. A través del pensamiento cruzado el gateo crea rutas de información neurológica entre los dos hemisferios y facilita el paso de información esencial de un hemisferio a otro, con gran agilidad. Estas rutas creadas no sólo sirven para sentar las bases de las funciones superiores de movimiento, sino que son precursoras de otras conexiones entre los dos hemisferios, de gran importancia para la maduración de las diferentes funciones cognitivas.

Lateralidad. Con el gateo también comienzan los primeros procesos corticales (de la corteza) de lateralización. A través de ellos, los hemisferios empiezan a trabajar de manera independiente y uno de ellos se convierte en dominante y el otro en servidor, para no tener que operar con ambos a la vez. A la par, al conectar los dos hemisferios gracias al gateo, se facilita el acceso a funciones más complejas que requieren el trabajo separado, pero coordinado, de ambos hemisferios.

Desarrollo de la vista. La visión es otra de las habilidades que estimula el gateo, al permitirle a tu bebé experimentar el espacio en el que se mueve, calcular la distancia y el volumen de los objetos a su alrededor y coordinar su movimiento con la vista para llegar a donde quiere.

La coordinación ojo-mano. La coordinación cerebral ojo-mano también tiene otras consecuencias muy positivas. Cuando el niño gatea se establece entre ambos una distancia similar a la que más adelante habrá entre ojo y mano a la hora de leer y escribir. Por tanto, el gateo favorece decisivamente la aparición temprana de ambas funciones —leer y escribir— con los beneficios adicionales que ello conlleva intelectualmente.

89

¿CÓMO PUEDO FOMENTAR QUE MI BEBÉ GATEE?

Considera estos tips:

- Desde muy pequeño acostúmbralo a estar acostado boca abajo. Si rechaza la posición, practica por ratos breves primero y cada día ve aumentando el tiempo de ponerlo así. Con el tiempo ya no se sentirá fatigado y podrá sentirse a gusto en esa posición. Pero deberá practicarla mucho para adquirir fuerza en sus brazos y sus caderas.
- Hacia los cinco meses aparecerá en tu bebé un reflejo que le hará querer apoyarse sobre sus propias piernas como queriendo empezar a caminar. No le fomentes ese impulso por pensar que está listo para andar sin haber gateado. Los beneficios del gateo son enormes, pero si el bebé no recibe estimulación adecuada, podría llegar a saltarse la práctica del gateo, privándose así de todos sus beneficios.
- Cuando tu bebé ya domine la postura boca abajo, coloca objetos interesantes y llamativos para él, pero un poco alejados para que quiera alcanzarlos.

- Una forma de fortalecer sus brazos es usando un cojín cilíndrico o una toalla enrollada que se pone debajo de su pecho, justo atrás de sus brazos, con un diámetro de unos 12 a 15 centímetros. Este mismo cojín le ayudará más tarde a practicar el levantamiento de su cadera. El primer signo del gateo es justamente cuando el bebé, acostado boca abajo, levanta las pompas y adquiere por primera vez la posición en cuatro puntos.

- Algunos bebés desarrollan primero la reversa que el gateo hacia el frente. Otros bebés, por no tener suficiente fuerza en los brazos, se arrastran. Otros crean sus propias formas de desplazamiento, llegando a ser enormemente hábiles.

- En el momento previo a soltarse gateando podrá preocuparte que tu bebé tenga que aprender a hacerlo en un piso muy resbaloso o duro, o bien en una alfombra. No te preocupes: tarde o temprano él aprenderá a hacerlo en cualquiera de las dos superficies. Lo que sí debes evitar es ponerle zapatos mientras aprende. Éstos no los empezará a necesitar hasta que camine, y de suela dura, hasta que corra.

- Por último considera esto: mientras más tiempo gatee tu bebé y más destreza alcance para hacerlo, mayor garantía habrá de que reciba todos los beneficios del gateo descritos con anterioridad.

- Y como consejo práctico: el bebé que gatea —y más el que se arrastra— ensucia mucho sus pantalones. Considera los parches y una selección de pantalones de batalla para estar en casa o para cuando vaya a gatear, pues es muy probable que acabe con ellos.

90

¿CÓMO PUEDO ESTIMULAR EL DESARROLLO
DEL LENGUAJE EN MI BEBÉ?

Durante mucho tiempo se pensó que los bebés recién nacidos, por no moverse mucho ni poder responder a lo que su-
cedía en su entorno, tenían todavía muy poco que aprender
de su alrededor. Fue apenas a principios del siglo XX, con
personalidades como María Montessori o Jean Piaget, que
los científicos, médicos e investigadores empezaron a darse
cuenta de que el aprendizaje durante las primeras semanas,
meses y años de vida no sólo es increíblemente acelerado y
extenso, sino también fundamental para cualquier desarrollo físico, emocional e intelectual posterior.

Los bebés son seres totalmente receptivos, con una
enorme capacidad de asimilar su alrededor. Son esponjas,
inteligencia pura, avidez, porque los constituye eso que
María Montessori llamó "la mente absorbente".

Entre otras cosas, gracias al poder de su mente los bebés
comprenden muy rápido que necesitan aprender a comunicarse para sobrevivir, y en todo momento se encuentran
atando cabos. Un bebé puede escuchar con atención, sentir

que habla, que es escuchado y entender muy bien lo que está sucediendo, mucho antes de tener la capacidad de articular las palabras y saber cómo usarlas. Aunque no entienda todas las palabras sueltas, podrá captar el sentido de una frase.

Así pues, cada vez que interactúes con tu bebé considera que nunca es demasiado pequeño para aprender. Es difícil entender exactamente cómo lo hace, pero es un hecho que a través de la convivencia cotidiana él aprenderá muchas cosas de ti y de sus seres queridos más cercanos. Por eso será muy importante la forma en que tú o su padre lo introduzcan a experiencias nuevas y al vasto mundo del lenguaje, que le servirá para entenderlas y apreciarlas.

Algunas consideraciones para estimular su desarrollo:

- Míralo a los ojos cuando le hables; asegúrate de que haya contacto visual entre ambos y sé especialmente expresiva con él.
- Platica con él en forma cariñosa; esto despertará su deseo de agradarte y le permitirá aprender cómo una sonrisa se responde con otra sonrisa.
- Como estará aprendiendo el arte de la comunicación, es muy importante que encuentres la forma de comunicarte con él desde recién nacido. Nombra las cosas que lo calman, los objetos y personas que son impor-

tantes en cada momento. Cada vez que entiendas, o que creas que entiendes lo que quiere, dáselo y nómbralo en términos simples. Poner palabras a las diversas experiencias de su vida cotidiana le permitirá confiar en el poder de las palabras para comunicarse contigo.

- Cuando sea muy pequeño serán útiles las palabras clave, usadas siempre en los mismos momentos y para referirse a las mismas cosas. Conforme crezca, cambia ese modo de hablarle y ve agregando vocabulario usando, además de aquellas frases clave, otras un poco más elaboradas que indirectamente enriquezcan su comprensión del lenguaje. En cierto punto, las frases deberán empezar a hacerse más complejas, con palabras más largas y con la descripción de ideas abstractas.

- No caigas en la costumbre de hablar de forma demasiado simple con tu hijo, con un vocabulario pobre o que imite el suyo. Procura siempre introducir palabras nuevas y construcciones más elaboradas, apoyada siempre en tus acciones, para que tu hijo pueda deducir su significado. Algunos estudios han demostrado que los niños de padres que se expresan bien, sin ajustar ni simplificar demasiado su vocabulario, son los que aprenden más palabras a una edad temprana y se expresan mejor.

- Paralelamente, enséñale lo interesante que es el mundo a su alrededor y cada detalle de la vida cotidiana. Si tu hijo demuestra que algo le interesa, procúraselo. También ayúdale a conocer nuevas experiencias y ponle palabras a todo lo que ve.

- Guíalo, pero sin forzarlo. Aunque tu trabajo como madre es introducirlo a la mayor variedad de temas posibles, no es tu misión decidir cuál de ellos ha de parecerle interesante a tu hijo. Permítele aprender lo que quiere y necesita aprender.

- Recuerda que los mejores maestros son los que nos ayudan a maximizar nuestros puntos fuertes y a minimizar los débiles; es decir, a sacar todo nuestro potencial.

- El ritmo de crecimiento de los bebés no es constante; tienen momentos de aprendizaje en los que adquieren nuevas habilidades y momentos de asimilar lo aprendido.

- Hacia el año de vida, o un poco antes si ya le llaman la atención, lee cuentos con él, enséñale a reconocer los objetos que conoce de su vida cotidiana y a identificar su nombre. Poco a poco introduce objetos y palabras nuevas, así como instrucciones diferentes y otros juegos para ejercitarlas.

- Por último, cuando empiece a decir sus primeras palabras no esperes mucho de su pronunciación. Si no puede pronunciar bien una palabra pero tú entiendes lo que dice, no lo fuerces para que intente decirlo perfectamente, pues esto sólo lo desanimará y a ti también. En general, no le plantees tareas más allá de sus posibilidades y elógialo cada vez que tenga un nuevo logro.

91

¿CUÁLES SON LOS HITOS MÁS IMPORTANTES
EN EL DESARROLLO INTELECTUAL DE MI BEBÉ?

Recién nacido. Tu bebé se concentra en tu cara y puede distinguir tu voz de la de los demás. Cuando escucha tu voz se mueve en esa dirección y busca con la mirada si estás cerca de él. Desde las 36 horas de haber nacido puede reconocer tu cara si la colocas a 20-25 centímetros de la suya. Desde el momento de su nacimiento empezará a hacer sonidos y llorará cuando quiera comer, que lo cargues o esté incómodo. Además de llorar, hará gorgoritos como señal de placer y ruiditos menores.

Cuatro semanas. Si tu rostro está lo suficientemente cerca para que te enfoque, te observa mientras hablas y te imita abriendo y cerrando su boca. Puede dejar de llorar cuando lo levantes porque ya sabe que eres su fuente de consuelo.

Seis semanas. Te devuelve la sonrisa y ésta es su primera forma de comunicarse contigo, porque empieza a entender que debe intercalar sus balbuceos, gorgoritos y sonrisas con tus palabras, esperando siempre tu respuesta antes de hacer algo más. Sus ojos pueden seguir un juguete en movimiento, aunque todavía tarde unos segundos en enfocarlo.

Tres meses. Ve inmediatamente el juguete que sostienes frente a él. Sonríe cuando le hablas y suelta grititos y soniditos de gusto. Da señales de curiosidad e interés por lo que sucede a su alrededor.

Cuatro a cinco meses. Da muestras de excitación a la hora de comer. Se ríe cuando juegas con él. Le encanta que lo levante porque puede ver lo que ocurre a su alrededor. Vuelve la cabeza hacia los sonidos. Sus balbuceos son como de sílabas sueltas con una consonante y luego una vocal, pero sin pensar en ningún significado específico.

Siete a ocho meses. Conoce su nombre y entiende la palabra "no". Probablemente ya ha desarrollado señales ruidosas, como gritos o tos, para llamar tu atención. Su balbuceo puede ser bastante musical y expresivo, e incluye palabras de dos sílabas, aún sin entender su significado. Se interesa por los espejos y le gusta verse reflejado —aunque probablemente todavía no entienda que ése de ahí es él mismo—. Tal vez quiera empezar a comer solo.

Nueve meses. Responde a su manera cuando se le llama por su nombre. Muestra voluntad propia y quizá quiera impedir que le laven la cara o le cambien el pañal. Se concentra mucho en juguetes y juegos. Entiende la permanencia de personas y cosas; por ejemplo, cuando un objeto está oculto bajo una tela, levanta la tela para ver el objeto. En su balbuceo une las diferentes sílabas que conoce, imitando la entonación y la formación de frases adultas. Muchas de estas palabras y frases sin sentido podrían volverse recurrentes.

10 a 11 meses. Conoce y disfruta juegos sencillos como "no estoy". El otro juego favorito es tirar algo y hacer que tú lo recojas, y puede durar por horas. También le gusta sacudir y golpear todo lo que haga ruido. Probablemente puede aplaudir y decir adiós con la mano. Examina todos los objetos de su interés, especialmente los que le permitan imitar lo que hacen los adultos que lo rodean. Muestra que entiende un pequeño número de palabras y afirmaciones pequeñas y simples. Podría decir su primera palabra con conciencia de su signficado.

12 meses. Repite cualquier cosa que te haya hecho reír. Reconoce bien sus canciones preferidas e incluso podría hacer alguno de los movimientos corporales más sencillos asociados a ellas. Puede empezar a aumentar el número de primeras palabras con sentido. Seguramente se trate de las palabras que le permitan nombrar elementos importantes de su vida cotidiana, como mamá, papá o agua. Le gusta ver cuentos. Entiende que hay que levantar los brazos a la hora de desvestirse. Podría dar besos y hacer ojitos.

92

¿CUÁL ES LA IMPORTANCIA DE LAS CANCIONES Y LA MÚSICA?

Actualmente es bien reconocida la importancia de la música en la formación de los bebés, debido a que constituye una excelente herramienta para favorecer todas las áreas de su desarrollo, desde aquellas relacionadas con su vida intelectual o su motricidad, hasta sus necesidades lúdicas y de convivencia con otras personas, ya sean adultos o bebés.

Algunos de los objetivos del desarrollo del bebé que pueden verse muy favorecidos con la música durante los primeros 12 meses de vida, son los siguientes:

El desarrollo de su coordinación motriz gruesa y fina. En principio, esto ocurre cuando descubren las distintas formas de hacer sonar los instrumentos, como agitar una maraca o tocar un xilófono con baqueta. También se da porque la música los invita al movimiento de todo el cuerpo o de partes específicas. Conforme crecen, esto puede llevarlos a aprender a bailar y cantar a la vez, a tocar y cantar a la vez, o a cantar y mover sus manos de diferentes formas y, a la larga, a leer la música y moverse de acuerdo con ella, lo que constituye una de las virtudes más importantes de esta disciplina porque pone a trabajar los dos hemisferios del cerebro al mismo tiempo.

La identificación con el esquema corporal. Esto sucede porque la música permite aprender a reconocer y ubicar las diferentes partes de su cuerpo, por medio de diversas canciones.

La identificación con el espacio. También por medio de canciones, empiezan a aprender lo que es arriba, abajo, atrás, adelante, a un lado y al otro.

El desarrollo del lenguaje. Al reforzar su aprendizaje de nuevas palabras y nuevos significados, pero también a través del reconocimiento de acentos y sonidos.

Capacidad de discriminación sonora. Al estimularlos a reconocer de dónde viene el sonido y qué cualidades tiene.

Un espejo para sus emociones. Porque diferentes tipos de música pueden permitirle tranquilizarse si está muy irritable, o entusiasmarse y alegrarse al tratar de seguirle el ritmo; la música tiene esa cualidad sensibilizadora que nos hace entrar en contacto con nuestras propias emociones y con las de los demás.

Un motivo de convivencia. Finalmente, la música da pie para la convivencia y la diversión.

Así pues, especialmente si el bebé estableció un vínculo con la música desde que estaba en el útero de su madre, pero también si dicho vínculo empieza a desarrollarse durante sus primeros meses de vida, la música podrá llegar a ejercer un gran poder sobre él, tanto para calmarlo en los momentos más difíciles como para alegrarlo en las mejores ocasiones. Y si este gusto es debidamente encauzado y fomentado, a la larga podría convertirse en una de las herramientas más importantes para aprender a expresarse en un lenguaje no verbal, además de desarrollar la disciplina, la capacidad de concentración, el coeficiente intelectual y la capacidad para crear arte de manera colectiva.

Por último, cabe resaltar que una mamá que le canta a su bebé y lo provee de experiencias sonoras diversas como vía para convivir con él, encontrará en la música un muy fuerte aliado para estrechar el vínculo amoroso con su hijo.

93

¿CUÁL ES LA IMPORTANCIA
DEL CONTACTO FÍSICO Y EL APEGO?

"Tras la separación —sin duda traumática— del parto, tanto la madre como el bebé se necesitan vitalmente", dice Elvira Porres. Su estado, diferenciado físicamente al haberse cortado el cordón umbilical, no es todavía un estado diferenciado psíquicamente y ambos necesitan un tiempo para permanecer en contigüidad o simbiosis, como recurso para atenuar la mutua añoranza.

De acuerdo con los que sostienen la importancia del apego en los primeros días, meses y años de vida del bebé —como precisamente Porres, pero también William Sears, antes de él John Bowlby, y posteriormente toda la filosofía de la crianza natural o vínculo paternal, así como las mujeres de la Liga de la Leche—, el apego es una necesidad biológica muy profunda, común en todos los primates, cuyos cimientos se crean en el alumbramiento del bebé.

El apego se manifiesta como una necesidad física y emocional del bebé, quien desde recién nacido asume instintivamente que no puede sobrevivir sin la protección y los cuidados de la madre (o de la persona que la sustituya). Esta necesidad lo hace buscar y esperar la cercanía con el cuerpo de su madre durante sus primeros meses de vida, hasta que poco a poco puede empezar un proceso de separación, cuyo primer paso se da cuando aprende a gatear y luego a caminar.

El apego y el contacto constituyen algo sustancial en la relación de la mamá con el bebé —y del papá con el bebé, si así lo procura— durante sus primeros dos años de vida, y especialmente en el primero. En el transcurso de ese tiempo, factores como la lactancia, el abrazo, las caricias, los besos, el ser cargado continuamente, los masajes, el colecho y cualquier otra expresión amorosa, son fundamentales para el bebé porque, en un momento en que la piel y el tacto son sus canales de percepción más importantes, constituyen la vía más directa para responder a su profunda necesidad de contacto y protección.

De acuerdo con la teoría del apego, mientras mejor se teja esa simbiosis inicial, mientras mejor responda la mamá —o la persona que la sustituye—, a las necesidades que el bebé tiene de ser cuidado, alimentado, abrazado y querido, más fácil será para ambas partes su posterior separación e independencia.

La mayoría de las madres sienten naturalmente el impulso de vincularse así con sus bebés, creando de esta forma la plataforma que les sirve a ellos para vincularse con otras personas en el futuro y encontrar satisfacción en esos vínculos. Pero cuando hay una privación lo suficientemente seria de ese contacto, y la mamá, por cualquier motivo, no satisface las necesidades de su bebé, éste recurre a una serie de reacciones como chuparse el dedo o columpiarse de forma compulsiva, que hablan de una regresión a estadios de mayor seguridad y contacto como los que tuvo en el útero materno. También podrá presentar problemas alimenticios, de sueño, cólicos, vómito, asma, enfermedades de la piel, retraso en su desarrollo y llanto continuo.

A esto se le llama "trastorno de vinculación", y ocurre cuando la madre (o alguien más) no le procura al bebé el cuidado y afecto que necesita. De acuerdo con las teorías psicológicas del apego, a la larga este trastorno puede traducirse en adultos permanentemente insatisfechos que no logran cubrir ese hueco que se abrió desde su primera infancia, y que generalmente tenderán a calmar su ansiedad por vía oral —en sustitución del contacto con la madre que debió haber satisfecho con su boca, al succionar—, por lo común comiendo, fumando o bebiendo.

Así pues, es un hecho que la forma en que recibas a tu bebé y te vincules con él desde el primer momento y durante sus primeros largos meses de vida, tendrá repercusiones sustanciales, positivas o negativas, en su desarrollo psíquico posterior. Por lo demás, más adelante en la vida de tu hijo el proceso de desapego también jugará un papel muy importante en el desarrollo de su personalidad. Pero por ahora no te debes preocupar por eso.

94

¿CÓMO LE HAGO MASAJE A MI BEBÉ?

El masaje es un método muy antiguo que sirve tanto para curar como para calmar. Puedes hacerlo de manera intuitiva, muy suavemente, y seguro podrás obtener sus efectos tranquilizadores en tu bebé. Pero también puedes hacerlo de una manera más consciente, y en este caso obtendrás mayores beneficios para él.

En términos generales, el masaje sirve sobre todo para reducir la tensión y el estrés porque disminuye los niveles de adrenalina y cortisol, que son las hormonas del estrés. Además de la tensión, estas hormonas pueden interferir en la concentración y el aprendizaje. Un buen masaje puede ayudar a calmar los cólicos y el llanto más crítico de tu bebé. Además, sirve para desarrollar su coordinación motriz, su tonicidad muscular, su circulación y su sistema inmunológico. Por otro lado, fortalece su vínculo contigo —o con la persona que se lo dé— y puede constituir una experiencia relajada y amorosa para ambos, que con seguridad puede servirles durante todo su primer año de vida.

¿Cómo hacerlo? Sin duda, lo mejor es tomar un curso

con algún experto, pero puedes recibir una primera idea aquí. Para empezar, debes evitar friccionar en exceso su piel, por lo que será conveniente que uses algún aceite especial para bebés, o uno compuesto de varios aceites orgánicos, como el de almendras o el de oliva, complementados con una cápsula de vitamina E para evitar que se hagan rancios. Como es muy probable que tu bebé termine probando el aceite al chupar su propia mano, elige solamente aceites comestibles y no de aromaterapia. En realidad, usarás lo mínimo, sólo para permitir que tus manos se deslicen con facilidad.

Un buen momento para hacerlo es después del baño y antes de la toma nocturna que le sigue a éste; o bien a media mañana, como parte de tu rutina de juego con él. Pero es importante que cuando lo hagas no tenga hambre ni esté molesto. Obsérvalo y comprueba si está de humor para un masaje. Lo ideal es que esté relajado y despabilado. Antes de empezar lávate muy bien las manos y quítate todos los anillos y pulseras; también sería mejor tener las uñas cortas. Si tienes las manos frías, caliéntalas un poco. Asegúrate de que la temperatura del cuarto sea adecuada (alrededor de 26 °C) y desviste a tu bebé.

Tu contacto con su piel deberá ser suave, sobre todo mientras más pequeño sea, pero tendrás que presionar ligeramente en vez de sólo acariciarlo. Existen distintos tipos de movimientos y presiones que puedes combinar dependiendo de la parte del cuerpo que masajees.

- Técnica de la mano abierta. Consiste en utilizar toda la mano, la palma y los dedos para masajear al bebé.
- Técnica de la mano cerrada. Se usa rodeando las extremidades del bebé con los dedos.
- Técnica del dedo. Es la técnica indicada para zonas pequeñas, como la palma de la mano o la planta del pie, aunque también puedes utilizarla en la espalda.

Para empezar el masaje deberás acostar a tu bebé boca arriba, desnudo y sobre una toalla limpia y tibia. Calienta un poco de aceite entre tus manos y empieza por los pies, las piernas y el tronco. Masajea primero los pies y poco a poco ve subiendo las manos, primero en una pierna y luego en la otra, combinando los distintos tipos de movimientos. Al llegar a la panza haz la presión un poco más suave. Ahí realiza movimientos circulares, de preferencia en la dirección de las manecillas del reloj porque ésa es la ruta del aparato digestivo hacia los intestinos. Al llegar al pecho realiza movimientos cruzados.

Luego baja a los hombros y los brazos, empleando nuevamente la técnica de la mano cerrada. Si a tu bebé no le gusta tener el brazo extendido, masajea sólo las partes que puedas. Nunca lo fuerces mientras le das un masaje. Si está suficientemente tranquilo intenta abrirle y cerrarle los brazos colocándoselos alrededor del pecho y luego hacia afuera.

Después pasa a la cara, con mucha delicadeza y evitando cualquier exceso de aceite en esa zona, particularmente cerca de los ojos. Algunas personas no recomiendan hacer masajes en la cabeza. Si no has recibido entrenamiento en un curso de masajes, mejor evítalo. Si para entonces tu bebé sigue disfrutando de la sesión, dale la vuelta y masajéale la espalda, pero evita la zona de la columna. Vuelve a frotarle manos y piernas, ahora por detrás.

No realices ningún masaje si el bebé:

- Tiene menos de un mes.
- Fue vacunado en las últimas 72 horas.
- Tiene fiebre o está enfermo.
- Tiene alguna infección en la piel.
- Está dormido.
- Está incómodo y molesto.
- La habitación o tus manos no tienen buena temperatura.

95

¿QUÉ ES LA ANGUSTIA DE SEPARACIÓN?

De acuerdo con Piaget, el bebé recién nacido no entiende la permanencia del objeto. Esto significa que lo que no ve no existe para él, y si pierde de vista un juguete, pierde el interés por él y ya no lo busca. Hacia los dos meses ya busca un objeto parcialmente oculto y así va avanzando hasta llegar a los ocho meses de edad, cuando busca algo que le escondes, pues ya entiende que el objeto sigue existiendo aunque no pueda verlo. Así empiezan los juegos de constatación de permanencia del objeto y, con ellos, uno de los cuadros más bellos de la infancia: un pequeño tapándose los ojos pensando que nadie lo ve.

En esta evolución, el bebé tarde o temprano termina por toparse con que el objeto que desaparece de su vista es su mamá. Esto genera en él lo que se llama la angustia de separación, o *mamitis,* que surge hacia los ocho meses y se recrudece hacia el año: ante cualquier desaparición de la madre, el bebé tiende a angustiarse por pensar que tal vez no volverá.

Esta situación puede volverse más palpable para algunos bebés que para otros, por ejemplo, cuando a esta edad la madre efectivamente tiene que desprenderse de su bebé por periodos largos (por tener que regresar a trabajar, pero también por viaje o enfermedad). También la repentina ausencia de otro ser muy querido para el bebé, como su padre, alguno de sus abuelos o la persona que usualmente lo cuida, puede intensificar esta sensación. Lo mismo sucede con un cambio de residencia o la entrada a una guardería o jardín de niños antes del año.

Sin embargo, es sólo una etapa. Esa ansiedad que verás en tu bebé por desaparecerte de su vista incluso por unos momentos, pasa poco a poco conforme crece en él la capacidad de entender que, aunque te vayas, siempre vuelves. En este sentido, será fundamental que hables mucho con tu hijo, lo ayudes verbalizando lo que siente y le des la seguridad de que estará bien.

Por supuesto, cualquier situación en la que un ser querido no vuelva de verdad, por un lapso demasiado largo, será vivida por el bebé como un abandono y constituirá una verdadera pérdida, lo cual podrá volverlo más desconfiado y retrasar la superación de esta etapa.

96

¿ESTÁ BIEN QUE MI BEBÉ SE CHUPE EL DEDO,
UNA COBIJA O UN CHUPÓN? ¿HASTA CUÁNDO?

Es muy común encontrar bebés que hacia los 10 meses de edad llevan siempre consigo un objeto del cual les es imposible desprenderse, o bien, su propio dedo metido en la boca. A esto se le llama "objeto transicional". Seis de cada 10 niños tienen o han tenido alguno.

Comúnmente, este apego a un objeto de transición va de la mano con la ansiedad de separación o mamitis. Especialmente cuando se han presentado situaciones que agravan esta ansiedad, el bebé termina por aferrarse a un objeto o a un hábito que representa a su mamá o a la persona que lo ha cuidado, pero cuya ausencia se volvió demasiado significativa en un momento dado. Este objeto generalmente ha estado ahí en sus momentos de más seguridad y guarda los olores y sensaciones corporales más íntimos del bebé. Generalmente se trata de una cobija o frazada con el olor de su mamá, un peluche o un chupón. Pero algunos niños toman hábitos, como agarrarse constantemente el pelo o la oreja, arrullarse a sí mismos para dormir, chuparse el dedo, etcétera. La intensidad con la que cada bebé lo busque dependerá de la dificultad de la situación a la que se enfrente.

En principio, no debes interferir en el vínculo que tu bebé forme con cualquier objeto o hábito de transición, pero es importante no caer en el extremo de fomentar una dependencia demasiado fuerte del bebé hacia él, al grado de pensar que realmente es indispensable para su tranquilidad. Poco a poco, y conforme entienda que no será abandonado, este objeto de transición podrá perder relevancia; es importante no forzar este proceso. De hecho, en gran parte de los casos dichos objetos lo ayudan a pasar por el enorme cambio de dejar de ser bebé para convertirse en un niño independiente. En este sentido, los objetos transicionales pueden constituir una parte completamente normal de su desarrollo.

Los objetos de transición aparecen por lo general un poco antes de cumplir el año, y el tiempo que el bebé los conserva es muy variable, ya que depende del tratamiento que le des y de la situación particular que él viva.

Por ejemplo, al entrar a la guardería o jardín de niños, sería contraproducente tratar de quitárselo. En la mayoría de estas instituciones se permite que los bebés lleguen con este tipo de objetos, cuya importancia va pasando con el tiempo hasta que un día dejan de llevarlos. Si los prohibieran estarían reprimiendo los sentimientos del niño y, muy seguramente, provocando que se aferre más a ellos. Ante un caso así, lo que te corresponde es poner en palabras de tu hijo lo que él aún no puede hacer: "Yo sé que este chupón roto es muy importante para ti", "Vamos a poner tu juguete en un lugar seguro donde puedas verlo mientras trabajas". Y lo mismo debe suceder en casa; si intentas prohibir o restringir su uso, puedes provocar que el niño se apegue aún más.

Ahora bien, cómo y cuándo quitar este hábito es algo que hay que hacer en vista de la seguridad y el bienestar emocional del bebé, bajo la premisa de que él mismo será más seguro si su tranquilidad emocional deja de depender de un objeto externo a él, o bien de un hábito regresivo que eventualmente podría privarlo de la posibilidad de acceder al contacto amoroso real con alguien más.

Por esta razón, no se puede pensar en quitar un hábito así a través de la represión o por la fuerza pues, como hemos dicho, esto sólo hará que el bebé se aferre más a él. Al contrario, es muy importante que para ayudarlo le des todo tu amor y te dediques a fortalecer su confianza, ya que de esto depende la seguridad que tenga en un futuro y la que le permitirá, entre los dos y los tres años y medio, no necesitar ya de objetos para sentirse bien. Así pues, desaparecer su objeto o hábito de transición debe seguir un proceso de convencimiento, no antes de que el niño haya superado la mamitis y cuando ya sea capaz de comunicarse claramente y de entender las ventajas que conseguirá al dejarlo; esto es, entre los dos y los tres años y medio, dependiendo de su madurez.

¿POR QUÉ PEGA MI BEBÉ?

Los niños pequeños muerden y pegan sin pensar en las consecuencias. En principio, su intención no es causar daño. Generalmente los primeros golpes de un bebé no son otra cosa que intentos de acercarse a otra persona u otro bebé, pero como no tienen la coordinación para hacerlo suavemente, pueden lastimar.

Cuando tu bebé de pocos meses tenga un comportamiento de este tipo es importante no reprimirlo impulsivamente, sino enseñarle cómo hacerlo. Una reiterada negativa a sus intentos de acercarse o incluso reacciones demasiado violentas de tu parte, podrían terminar por inhibir su deseo de acercarse a otras personas u otros bebés.

Así que toma su mano y junto con él acaricia suavemente tu brazo o el suyo mientras le dices: "suave", y le enseñas a percibir esa delicadeza. Por otro lado, cuando un bebé pega con la deliberada intención de hacerlo, hay que ponerle un límite. En realidad no piensa en las consecuencias; simplemente actúa por impulso, liberando su enojo contra la persona o la situación que lo desató. Aun así, hay que decirle claramente que eso no se hace y mostrarle que puede lastimar al otro.

Los golpes y mordiscos propiamente agresivos son más comunes entre los 18 meses y los dos años y medio, cuando carece de lenguaje verbal suficiente para comunicar sus necesidades y en su lugar se comunica mediante acciones impulsivas.

Para evitar que llegue a esa edad sin la capacidad de liberar su enojo en formas adecuadas, procura enseñarle desde ahora a descargarlo sobre objetos que no sienten y a los que no puede dañar pero sí golpear, por ejemplo, cojines, tambores o incluso muñecos con figura humana.

Por otro lado, además de actuar agresivamente para liberar enfados, lo hacen para controlar la situación, demostrar poder o proteger sus pertenencias en una batalla por juguetes. Algunos pueden llegar a este comportamiento en un intento de desquitarse de la prepotencia manifiesta y reiterada de algún adulto sobre ellos, o para acercarse a unos padres distantes. En este sentido, la mayor parte de los comportamientos agresivos en la primera infancia también disminuyen en el momento en que el niño puede comunicarse con palabras en lugar de acciones y puede sentirse contenido y querido por sus padres.

98

¿CUÁLES SON LOS HITOS EN EL DESARROLLO
SOCIAL Y EMOCIONAL DE MI BEBÉ?

Los primeros 12 meses en la vida de un bebé y la calidad de las relaciones que establezca con sus seres más cercanos, son decisivos y totalmente formativos para su futuro comportamiento social. Un bebé que ha establecido relaciones cálidas y cercanas con la o las personas que lo cuidan, está motivado para formar relaciones de calidad con otras personas. Durante el proceso, aquellos que convivan más cercanamente con él tienen que ir descubriendo las cualidades particulares de ese bebé; su capacidad para hacerlo y para respetar la individualidad del niño es fundamental. Una mamá que conoce y entiende las necesidades de su hijo puede responder mejor a ellas, y para lograrlo el único camino es mantenerse en constantes reevaluaciones y ajustes de la rutina cotidiana. Más allá de los beneficios que lo anterior conlleva en áreas como la alimentación, la salud, la higiene o el sueño, esta capacidad de responder a sus necesidades se verá reflejada en un bebé satisfecho, seguro y tranquilo.

A muy grandes rasgos, durante los primeros 12 meses de vida el desarrollo social y emocional va desde un estado inicial totalmente ensimismado, indiferenciado y no gregario, hasta uno donde el bebé se sabe parte de un grupo social y se integra a él imitando a los demás y confiando en sus propias capacidades. En el proceso, el bebé pasa por las siguientes etapas:

Cero a dos meses. Un bebé recién nacido no distingue su *yo* de su *no yo* y pasa mucho tiempo empezando a entender esa diferencia. En esta etapa el contacto físico es fundamental y la principal manera de procurárselo es a través de la alimentación (sea o no de pecho) y del contacto directo con su piel. Entretanto, él descubrirá partes de su propio cuerpo por azar, lo que le permitirá adoptar diversos comportamientos, como succionar sus propios dedos, observar sus manos u otras partes de su cuerpo y empezar a darse cuenta de que es una persona diferente de los demás. La calidad de la relación que exista con el bebé en este momento, será determinante para que aprenda a confiar en sus capacidades y habilidades para interesar al adulto. La estabilidad en el interés y el cuidado del adulto hacia el bebé permitirán el desarrollo de la confianza básica, proporcionándole cimientos para su seguridad y su sociabilidad.

Tres meses. Para este momento el bebé ya tiene noción de su individualidad, no le gusta verse privado del contacto social y llora con facilidad si se le deja solo, aunque deja de hacerlo si se siente acompañado o entretenido. Ésta es una época de despertar social y de intercambios tempranos recíprocos entre él y la persona que lo cuida. Cuando hay gente presente manifiesta su placer por medio de sonrisas, pataleos y agitaciones de los brazos. A esta edad, la mayoría de los bebés responden positivamente al contacto y al consuelo de un adulto, pasan todavía muchos ratos ensimismados, se benefician más de interacciones cortas y frecuentes que largas e infrecuentes, demuestran su enojo cuando algo no cumple sus expectativas y sonríen y muestran placer ante la estimulación social.

Tres a seis meses. A esta edad los bebés interactúan cada vez más con los adultos que conocen, empiezan a jugar al escondite, prestan atención a su propio nombre, saben ofrecer los brazos para que los carguen, sonríen espontáneamente y ríen en voz alta, y cada vez que alguien les presta atención se sienten encantados. Los bebés hacen "juegos sociales" y tratan de conseguir respuestas de las personas. Serán especialmente expresivos con la gente conocida y podrán manifestar miedo o recelo frente a los desconocidos. Entre sus emociones básicas ya se puede observar la ira, la sorpresa, la alegría, el miedo, la tristeza, el enojo y la timidez.

Seis a nueve meses. El comportamiento social es más activo. Muestran un rango emocional más amplio y preferencias más fuertes hacia ciertas personas. La mayoría puede expresar emociones diferentes, distinguir conocidos de extraños, imitar o responder activamente al lenguaje, los sonidos y los gestos, así como mostrar desagrado frente a la pérdida de un juguete. Se relacionan muy estrechamente con la persona que más los cuida, pueden manifestar temor a los extraños y actúan con cautela ante nuevas situaciones.

Nueve a 12 meses. A medida que se acerca el año de vida, la imitación y la independencia empiezan a cobrar importancia. La mayoría de los bebés pueden comer solos con los dedos o llevarse la cuchara a la boca, sostener su vaso entrenador con las dos manos, imitar acciones simples, demostrar ansiedad cuando se les separa de las personas que quieren. A partir de ahora empiezan a tener más confianza en sí mismos y en su capacidad para hacer que las cosas sucedan. Exploran su ambiente y les gusta demostrar su capacidad para actuar en él. A la vez, ya pueden reaccionar frente a un "no" y reprimirse de hacer alguna cosa. Por estar pasando por la etapa de la ansiedad de la separación, es común que sean poco sociables pero esto es pasajero.

99

¿CÓMO DETECTO ANORMALIDADES
EN SU DESARROLLO SOCIAL O EMOCIONAL?

Es frecuente escuchar sobre bebés tranquilos que lloran poco, que duermen con facilidad y por mucho tiempo. Estos bebés son tan normales y comunes como los que son más inquietos, comelones, nerviosos, poco dormilones o exigentes. A estos últimos se les suele llamar "difíciles" porque requieren más atención y en principio es menos sencillo entender y satisfacer sus necesidades. Pero en la medida en que como mamá, o como persona que lo cuida, se esté muy atento a las mismas, con toda la calma y el amor posibles, esos bebés poco a poco se estabilizan y la convivencia se va haciendo más sencilla. Así pues, es común encontrarse con bebés difíciles y, cuando es el caso, es muy importante no considerar su descontento como un rechazo personal. El bebé que llora demasiado intenta desesperadamente adaptarse a su nueva vida, y cualquier manifestación de desagrado de su parte se dirige al mundo en general —el cual hay que ir volviendo más amable para él— más que a la persona que lo cuida.

Por otro lado, también es normal encontrarse con mamás que no experimentan el amor hacia su bebé de una manera inmediata tras su nacimiento. De hecho, es muy común que sientan la necesidad de cuidarlo y protegerlo por su fragilidad, pero sin experimentar un amor fuerte y vinculante, necesariamente. Pero en estos casos los sentimientos amorosos suelen llegar un poco más adelante.

En lo que se refiere al desarrollo social y emocional de los bebés, los criterios son un poco menos objetivos que, por ejemplo, en las cuestiones motrices, y suele ser más difícil juzgar lo que es normal y lo que no lo es. Ahora bien, hay que prender los focos rojos y pedir asesoría médica cuando:

- Después de unas semanas no sientes un amor fuerte y palpable hacia tu bebé.
- El bebé llora más de tres horas al día, todos los días o casi todos.
- El bebé duerme menos o más de lo que las estadísticas sugieren que debería dormir, todos los días o casi todos.
- La persona que más cuida al bebé cambia constantemente y deja de haber coherencia en el cuidado que se le da.

- Después de los tres o cuatro meses el bebé no responde a las interacciones sociales, no mira a los ojos o no sonríe.
- Es demasiado irritable e intolerante frente a la presencia de otras personas o ruidos.
- Se te dificulta mucho vincularte con él, entenderlo o satisfacerlo.
- Percibes que tu bebé no cumple con los hitos sociales generales y que algo en él no se desarrolla con normalidad.

En general, es muy importante que confíes en tu intuición y que recuerdes que ante cualquier situación anormal en un bebé, cuanto antes se detecte el problema y se diagnostique, mayor será la posibilidad de afrontarlo exitosamente.

100

¿CUÁNDO ENSEÑARLE EL "NO"?

Durante el primer año de vida, una de las pautas más importantes para empezar a enseñar límites es la palabra "no". Esto se hace necesario más o menos a partir de los seis meses, o cuando ya empieza a ejercer su voluntad por medio de acciones simples como tomar objetos o desplazarse por sí solo.

En principio, será muy importante usar el "no" para todo lo que ataña a la seguridad del bebé, es decir, cuando haga algo que lo ponga en riesgo a él o a alguien más, por ejemplo, cuando quiera tocar un contacto eléctrico, golpear un vidrio o aventar un objeto que pudiera lastimarlo a él o a otra persona.

Pero el valor de la palabra "no" y su eficacia dependerán en gran medida de que las personas más cercanas al bebé no abusen de ella y la utilicen con firmeza y consistencia, empezando por ti. Perderá su efecto si la dices todo el tiempo, sin ser realmente necesario negarle tantas cosas, o si la dices con la risa en la boca, por parecerte chistoso que tenga alguna ocurrencia en específico, pues en este caso, aunque creas ser muy clara con la palabra, tu bebé percibirá esa sonrisa, el mensaje será doble y podrá confundirse o tomarlo como juego. También será confuso para él si unas veces le dices que no a una acción, y otras eres indiferente a ella o la permites. Así pues, es mejor usarla pocas veces, las mínimas posibles, y cuando la uses hazlo con firmeza, sin regaños y con mucha paciencia. En este sentido, puedes agregar una explicación breve en la que dejes claro que es por su seguridad; pero de hecho no está de más que tu bebé aprenda a reaccionar a una negativa tuya sin necesidad de justificaciones, pues aparte de fomentar la formación de su sentido de la autoridad, es una forma de ayudarlo a que aprenda a asimilar la frustración.

Ahora bien, independientemente de las situaciones a las que hay que ponerles un límite muy preciso, el asunto de introducir la disciplina y ciertos cánones de conducta en un bebé de 12 meses o menos es una tarea que hay que asumir en positivo y con una actitud muy comprensiva; es decir, se trata de decirle cómo sí hacer las cosas, enseñarle con el ejemplo y elogiar su buen comportamiento, apoyándote en lo que se espera de él a largo plazo y no en lo inmediato, pues el alcance de sus logros en este terreno tomará mucho tiempo. En ese sentido, y tanto en esta etapa como en las siguientes, el énfasis sobre cada uno de sus logros deberá ponerse sobre todo en su propia satisfacción sobre los mismos, más que en cualquier tipo de premios o recompensas —y bajo la misma óptica, más adelante, a partir de los 18 meses, también habrá que pensar en consecuencias lógicas para sus conductas inadecuadas, antes que en castigos que no tengan conexión con ellas—.

Cabe resaltar que un bebé que se acerca a los 12 meses aprende sobre todo por imitación, por lo que es fundamental hacerlo participar en los momentos más importantes de la convivencia familiar, sin olvidar que será un observador muy activo. A través de la convivencia cotidiana con los demás miembros de la familia, el bebé entenderá lo que se espera de él cuando crezca, cómo funciona el mundo en general, y relacionará su forma de comportarse en casa con la manera en que debe hacerlo con los demás.

Por último, también es importante insistir en que a esta edad un bebé no se porta mal a propósito, sino más bien por falta de control sobre sí mismo. Un bebé que llora, que se muestra irritable o gruñón, probablemente está hambriento, tiene sueño, está cansado o se siente mal. También la frustración es un motivo de desagrado que sólo se aprende a dominar después de varios años (y esto en el mejor de los casos) y no se puede esperar que reprima algunos de sus deseos sin sentir a veces enojo por ello.

De hecho, en el intento de afirmarse a sí mismo, más adelante lo hará como un desafío abierto y será lo normal. Por lo pronto, es válido que un bebé se enoje, como también lo es que sus padres a veces pierdan la paciencia. En el caso de los padres, mientras los enojos constituyan la excepción, y no la regla, se puede confiar en que se va por buen camino, y por eso es central empezar por dominarse uno mismo. Es más, enseñarle a un bebé a manejar su enojo por medio del ejemplo, constituirá una de sus lecciones de vida más valiosas y también uno de los fundamentos más importantes para establecer una relación sana con él.

101

¿HIJO ÚNICO O HERMANOS?

Una de las preguntas que más nos asaltan cuando tenemos un bebé es si deberíamos darle uno o más hermanos. Hay varios motores para hacernos esta pregunta, y los más importantes son: el bien de nuestro bebé (si será mejor para él ser hijo único o tener hermanos), la voluntad de nuestra pareja y nuestros propios motivos.

Hablando del bebé que ya tienes, es un hecho que ambas posibilidades representarán distintos retos para él. Los hijos únicos pueden gozar de una atención más completa, pues en términos generales se les puede ofrecer más tiempo y recursos. Pero también se sabe que tarde o temprano pueden llegar a desear un hermano, alguien de su generación que comparta con ellos la vida cotidiana y que, a la larga, comparta también la convivencia con los padres y la resolución de los problemas familiares más íntimos.

Durante años se ha mitificado la conducta de los hijos únicos y hay una tendencia a ver en ellos a personas solitarias, egocéntricas, incapaces de compartir, caprichosas o sobreprotegidas. También tiende a mitificarse la visión de los hijos con hermanos, dando por hecho que éstos siempre tendrán una buena relación entre sí. Ninguna de estas posibilidades es necesariamente cierta; lejos de ello, puede haber personas independientes, solitarias, compartidas o egoístas con hermanos y sin ellos, porque esto depende sobre todo de la educación que reciben en casa y de su propia capacidad para superar la envidia y los celos.

Por otro lado, si bien los beneficios de tener hermanos pueden hacerse muy palpables después de cierto tiempo, también se sabe que para un bebé o un niño pequeño asimilar la llegada de un hermano es un reto verdaderamente grande, comparable con lo que sería para un adulto tener que compartir de pronto al ser más amado con un amante.

Así pues, más allá de lo que todo el mundo opine, y de tu bebé mismo (quien en ambos casos enfrentará retos diferentes), la decisión es en primer término tuya y de tu pareja, y lo mejor es tomarla en función de sus propios deseos y posibilidades. Algunos elementos a considerar en la decisión son los siguientes:

- Un segundo bebé transforma la vida tanto como el primero, porque también rompe con un equilibrio ya formado e implica la presencia de una nueva voluntad de vida imponiéndose frente a la de los otros tres que ya están ahí y generando además nuevas formas de relación entre ustedes. Y lo mismo sucederá con cada nuevo hijo que llegue.

- Todas las fórmulas que creas haber aprendido con tu primer bebé se pondrán en juego con el segundo, porque cada niño es diferente. En muchas cosas tu experiencia adquirida hasta ahora será invaluable, pero en otras tendrás que replantear a fondo tus estrategias o aprender todo de nuevo. Abrirte a entender la personalidad de este nuevo bebé, así como sus diferencias con el otro, será fundamental.

- Un segundo bebé aleja o disminuye la posibilidad de retomar o continuar la trayectoria profesional de la madre. También suele retrasar la realización de proyectos económicos grandes en la familia.

- En medio de una situación económica poco favorable, un segundo bebé puede resultar muy agobiante para la vida familiar y afectar muy directamente la posibilidad de satisfacer las necesidades básicas de todos.

- También puede ser un factor tan desestabilizador como el primer bebé, o más, si la relación de pareja no está en un buen momento.

- Un segundo bebé aumenta muy significativamente la cantidad de trabajo cotidiano.

- También aumenta la necesidad de atención que el primer bebé tiene de cada uno de los padres, y la necesidad que éstos tienen uno del otro.
- El desbalance emocional en el primer bebé puede llegar a ser desconcertante y suele manifestarse con mayor fuerza hacia los seis meses de vida del segundo bebé, cuando este último ya se sienta, come papillas y empieza a hacer gracias y a interactuar más claramente con los demás. Las conductas del primer bebé podrán ir desde un rechazo manifiesto hacia su hermano, hacia ti o hacia su padre, hasta una irritabilidad generalizada y algunos cambios en su personalidad.
- Como padres y como madres, será muy difícil no preguntarse cómo se le podrá llegar a querer tanto como al primer bebé. Incluso, podrá pasarse por un proceso más o menos difícil de desapego relativo respecto al primer hijo para poder abrirle lugar a su hermano. Responder a las necesidades de ambos hijos sin sentir que traicionas a alguno de los dos será un reto cotidiano intenso. Y lo mismo respecto a tus propias necesidades y las de tu pareja. En otro sentido, todos se verán retribuidos con el nuevo bebé.
- La edad más recomendable del primer bebé para recibir a su hermano es alrededor de los tres años. Antes

puede ser demasiado pronto para realizar el desapego necesario, y después de cuatro años o más puede ser casi como un segundo hijo único. Evidentemente, puede ser bien recibido en cualquier momento.

- Con un segundo bebé, la maravilla y la sorpresa vuelven a ser un ingrediente cotidiano en la vida. También constituye una nueva fuente de amor y aprendizaje para todos.

Bibliografía

ALLISON G., Katie y Betsy Kennedy, *Attachment Parenting,* Atria Books, 1999.

COOPER, Carol, *Bebé inteligente,* Grijalbo, Barcelona, 2007.

DIX, Carol, *El síndrome de la madre nueva,* Editorial Sudamericana, México, 1992.

EISENBERG, Arlene *et al., El primer año del bebé,* Norma, Bogotá, 2001.

ELLISON, Katherine, *Inteligencia maternal,* Destino, Madrid, 2005.

ESTIVILL, Eduard y Sylvia de Béjar, *Duérmete niño,* Plaza & Janés, México, 1998.

GUERRERO, Ángeles, "Maternidad, reproductividad y trabajo", en María Ileana García C. (coord.), *Mujeres y sociedad en el México contemporáneo, nombrar lo innombrable,* TEC / Porrúa, México, 2004.

LEACH, Penélope, *Your baby and child: From bird to age five,* Knopf, 1997.

LIGA INTERNACIONAL DE LA LECHE, *El arte femenino de amamantar,* Pax, México, 1997.

MONTESSORI, María, *La mente absorbente del niño,* Diana, México, 2004.

PANTLEY, Elizabeth, *Felices sueños,* McGraw Hill, Madrid, 2002.

PORRES, Elvira, *Tócame, mamá,* EDAF, Madrid, 1993.

SEARS, William y Martha Sears, *The Baby Book,* Little Browne, Nueva York, 1993.

STOPPARD, Miriam, *El nuevo libro del cuidado de tu bebé,* Grijalbo, Barcelona, 2007.

Sitios de internet

www.aap.org (American Academy of Pediatrics)
www.bbmundo.com
www.babysitio.com
www.albebe.com
www.crianzanatural.com

101 preguntas sobre el cuidado de tu bebé, de Alina Amozurrutia
se terminó de imprimir en enero de 2010 en
Worldcolor Querétaro, S.A. de C.V.
Fracc. Agro Industrial La Cruz
El Marqués, Querétaro
México